Ecovisiones serie Diccionarios

Créditos

Diccionario de hinduismo

Mendoza Vester, Jorge

Diccionario de hinduismo / Jorge Mendoza Vester

© 2023 Diccionario de hinduismo - Jorge Mendoza Vester

1ª edición.- Ciudad de Santiago, Chile, 2023

Primera edición libro digital

Diccionario de hinduismo

Introducción

En las tierras ancestrales de la India, surge una religión milenaria que ha cautivado la mente y el espíritu de innumerables generaciones: el hinduismo. Esta profunda tradición espiritual, conocida en Occidente por este nombre, se teje con la complejidad de cultos y creencias que coexisten dentro de un marco social igualmente diverso: las castas.

El hinduismo adquiere su forma distintiva a lo largo de una rica historia que abarca diversos períodos. Desde la antigua era védica, donde se entonaron himnos sagrados, hasta la etapa de los Upanisades, donde los dioses populares se erigen como objetos de devoción, este viaje a través del tiempo revela la evolución de una fe que abraza la multiplicidad y la profundidad espiritual.

Los hindúes han trazado su camino a través de los siglos, dividiendo su historia religiosa en períodos claves: desde el Védico, pasando por el Upanisádico, la Etapa Clásica, el Período Medieval hasta llegar a la Era Moderna, cuando el hinduismo se encuentra con la influencia occidental.

Una característica distintiva del hinduismo es su enfoque en la vida cotidiana y la individualidad. A diferencia de otras religiones con mandamientos divinos e instituciones religiosas organizadas, el hinduismo es una religión familiar que otorga a cada individuo la libertad de vivir según su propio camino. No existe una autoridad central, sino una moral compartida que se arraiga en el corazón de cada persona.

El Hinduismo no puede ser llamado una filosofía, ni tampoco es una religión bien definida.

Es, mejor dicho, un organismo socio religioso grande y complejo, que consiste de innumerables sectas, cultos y sistemas filosóficos e incluye variados rituales, ceremonias y disciplinas espirituales, como también la veneración de numerosos dioses y diosas.

El origen espiritual del Hinduismo se encuentra en las Vedas, colección de escrituras antiguas escritas por sabios anónimos, los llamados profetas Védicos.

Hay cuatro Vedas, la más antigua de ellas es el Rig Veda.

Escrito en Sánscrito antiguo, el idioma sagrado de India, las Vedas se han mantenido como la más alta autoridad religiosa para muchas de las secciones del Hinduismo.

En esta exploración del hinduismo, descubriremos la riqueza de sus creencias, desde la reencarnación y el karma hasta la devoción a múltiples deidades. Analizaremos la estructura de la sociedad india en castas y cómo se entrelaza con las creencias religiosas, dando origen al brahmanismo, la religiosidad de los brahmanes, que veneran a divinidades como Brahma, Visnú y Siva.

El sistema de castas, conocido como "varna" en sánscrito, es una estructura social distintiva que ha existido en la India durante miles de años y ha influido en gran medida en la vida de las personas en ese país. Aunque el sistema de castas ha evolucionado y se ha transformado con el tiempo, su influencia todavía se siente en la sociedad india contemporánea, aunque ha sido objeto de cambios significativos y reformas.

El sistema de castas se basa en la idea de que la sociedad está dividida en grupos jerárquicos que determinan la posición social y las ocupaciones de las personas. Tradicionalmente, se dividen en cuatro castas principales, conocidas como "varnas," cada una con su propia función y posición en la sociedad:
1. Brahmanes: En la cima de la jerarquía se encuentran los brahmanes, que se consideran los más purificados y espirituales. Tradicionalmente, se dedican a actividades sacerdotales, la enseñanza y la preservación de la sabiduría religiosa y cultural.

2. Kshatriyas: Justo debajo de los brahmanes se encuentran los kshatriyas, que desempeñan el papel de guerreros y gobernantes. Su responsabilidad histórica ha sido proteger al país y mantener el orden.

3. Vaishyas: Los vaishyas son comerciantes, agricultores y empresarios. Se ocupan de actividades económicas y comerciales. Su papel es mantener la prosperidad económica de la sociedad.

4. Shudras: En la parte inferior de la jerarquía se encuentran los shudras, que tradicionalmente trabajan en ocupaciones

consideradas impuras, como la limpieza y los trabajos manuales. Su función principal es servir a las otras castas.

Fuera de estas cuatro castas principales, existe un grupo llamado "los intocables" o "dalits," que históricamente se consideraban impuros y marginados. Estos grupos realizaban trabajos considerados los más bajos y degradantes, como limpiar alcantarillas. A pesar de las reformas y cambios sociales, la discriminación y la marginación de los dalits persistieron durante mucho tiempo en la sociedad india.

Es importante destacar que el sistema de castas no se basa únicamente en la ocupación, sino que también tiene connotaciones religiosas y culturales. Además, aunque el sistema de castas ha perdido gran parte de su poder y rigidez en la India moderna debido a reformas legales y sociales, todavía influye en algunas áreas de la vida cotidiana y persisten desafíos significativos relacionados con la discriminación y la desigualdad social.

El sistema de castas en el hinduismo es una estructura social jerárquica que ha influido profundamente en la sociedad india a lo largo de la historia, aunque ha experimentado cambios y reformas significativas a lo largo del tiempo.

El hinduismo es una religión que abarca todas las creencias y doctrinas, una espiritualidad sin dogmas rígidos, donde cada individuo encuentra su camino hacia la perfección a través de su dharma, la ley sempiterna que rige el universo y la vida de cada ser humano. Acompáñanos en este viaje de descubrimiento por el fascinante mundo del hinduismo, donde las respuestas y la iluminación esperan a aquellos que se aventuren en sus profundidades.

Textos sagrados del hinduismo

Su cuerpo de escrituras sagradas es vasto y diverso. Los textos hindúes se dividen en dos categorías principales: los "Shruti" y los "Smriti". Los Shruti son considerados revelados y divinos, mientras que los Smriti son textos escritos por sabios y eruditos.

A continuación, se presentan algunos de los textos más importantes del hinduismo:

1. Vedas (Shruti): Los Vedas son los textos más antiguos y sagrados del hinduismo. Hay cuatro Vedas principales: Rigveda, Yajurveda, Samaveda y Atharvaveda. Cada Veda contiene himnos, mantras y oraciones utilizados en rituales religiosos y ceremonias.

2. Upanishads (Shruti): Los Upanishads son una colección de textos filosóficos que exploran temas profundos como la naturaleza de la realidad, la conciencia y la unidad divina. Son conocidos como Vedanta, que significa "el fin de los Vedas", y son fundamentales para la comprensión de la espiritualidad hindú.

3. Bhagavad Gita (Smriti): Este texto, parte del épico Mahabharata, es un diálogo entre el príncipe Arjuna y el dios Krishna, quien actúa como su conductor de carro. La Bhagavad Gita aborda cuestiones éticas, morales y espirituales, y se centra en la acción correcta y el camino hacia la autorrealización.

4. Ramayana (Smriti): El Ramayana es un épico que narra la vida y las hazañas del príncipe Rama, su esposa Sita y su lucha contra el demonio Ravana. Es una historia de virtud, deber y devoción que ha tenido una profunda influencia en la cultura hindú.

5. Mahabharata (Smriti): El Mahabharata es otro texto épico que cuenta la historia de la guerra entre dos familias reales, los Pandavas y los Kauravas. Además de la Bhagavad Gita, contiene una amplia gama de historias, enseñanzas y consejos éticos.

6. Puranas (Smriti): Los Puranas son una serie de textos que proporcionan relatos mitológicos, historias religiosas y consejos morales. Hay 18 Puranas principales, incluyendo el Vishnu Purana, Shiva Purana y Devi Bhagavata Purana.

7. Manusmriti (Smriti): También conocida como las Leyes de Manu, este texto establece principios legales y sociales que guían la vida de los hindúes. Contiene regulaciones sobre el deber, la moral y la justicia.

8. Yoga Sutras de Patanjali (Smriti): Estos sutras son un compendio de enseñanzas sobre el yoga, la meditación y la autorrealización. Forman la base de la filosofía y las prácticas del yoga.

Upanishad

La comprensión profunda del hinduismo, una de las religiones más antiguas y ricas del mundo, no estaría completa sin la exploración de los Upanishads. Estos textos sagrados, que se remontan a miles de años atrás en la historia de la India, son considerados la culminación de la filosofía védica y ofrecen una visión única de la espiritualidad y la búsqueda de la verdad.

Los Upanishads, también conocidos como Vedanta, son una colección de escrituras que se sumergen en las cuestiones fundamentales de la existencia humana, la naturaleza de la realidad y la relación entre el individuo y lo divino. Son un tesoro de conocimiento espiritual que profundiza en temas como la identidad del ser, la meditación, el karma, la reencarnación y la unidad última del universo.

Al sumergirse en los Upanishads, los buscadores espirituales pueden comprender las raíces filosóficas del hinduismo y apreciar su visión única del mundo. Estos textos ofrecen una guía para la autorrealización y la liberación espiritual, y continúan siendo una fuente de inspiración y reflexión para millones de personas en todo el mundo.

Algunos de los principales Upanishad son:

• Isa Upanishad: El Isa Upanishad es uno de los Upanishads más cortos y se encuentra en el Yajurveda. Trata temas como la unidad de Dios y la naturaleza del ser.

• Katha Upanishad: El Katha Upanishad es parte del Yajurveda y presenta un diálogo entre el joven Nachiketa y el dios de la muerte, Yama. Explora conceptos como la inmortalidad y el camino hacia la sabiduría.

• Kena Upanishad: El Kena Upanishad se enfoca en la pregunta fundamental de quién impulsa nuestras acciones y pensamientos. Es parte del Samaveda.

• Prasna Upanishad: El Prasna Upanishad es parte del Atharvaveda y presenta seis preguntas fundamentales sobre la vida y la espiritualidad, que son respondidas por el sabio Pippalada.

• Mundaka Upanishad: El Mundaka Upanishad aborda la distinción entre el conocimiento superior y el conocimiento inferior, así como la búsqueda de la verdad suprema.

• Mandukya Upanishad: El Mandukya Upanishad es uno de los Upanishads más cortos y se centra en el estudio de los cuatro estados de la conciencia, incluyendo el estado de unidad (Advaita).

• Svetasvatara Upanishad: El Svetasvatara Upanishad presenta la enseñanza del dios Shiva y explora la naturaleza divina y la relación entre el alma individual y el Supremo.

• Maitri Upanishad: El Maitri Upanishad se enfoca en la liberación espiritual y la conexión entre el alma individual y el Ser Supremo.

• Kaushitaki Upanishad: El Kaushitaki Upanishad se encuentra en el Rigveda y trata temas como la inmortalidad y la espiritualidad.

• Taittiriya Upanishad: El Taittiriya Upanishad es parte del Yajurveda y presenta conocimientos espirituales, así como técnicas de meditación y sacrificio.

• Chandogya Upanishad: El Chandogya Upanishad es parte del Samaveda y explora la unidad fundamental de todo lo que existe, incluyendo la famosa enseñanza "Tat tvam asi" (Tú eres eso).

• Brihad-aranyaka Upanishad: El Brihad-aranyaka Upanishad es uno de los Upanishads más extensos y trata una amplia gama de temas, incluyendo la naturaleza del alma, el karma y la sabiduría espiritual.

Contenido

A

H

I

J

K

L

M

N

R

S

Y

Z

A

ATMAN

En el hinduismo y la filosofía vedanta, el término "Atman" se refiere al alma individual o el yo verdadero y eterno de una persona. Es una de las nociones fundamentales en la espiritualidad hindú y se considera la esencia divina que reside en cada ser humano.

Puntos clave sobre el Atman:

1. Eternidad: El Atman se considera eterno e inmutable. A diferencia del cuerpo físico y la mente, que son temporales y cambiantes, el Atman es atemporal y constante.

2. Unidad: En la filosofía vedanta, se sostiene que el Atman individual es idéntico al Brahman, la realidad última o la divinidad suprema. Esto refleja la creencia en la unidad de todo lo que existe.

3. Inmortalidad: El Atman no está sujeto a la muerte. Cuando el cuerpo físico muere, se cree que el Atman se libera de la reencarnación y alcanza la liberación espiritual o el moksha.

4. Conciencia: El Atman es la fuente de la conciencia individual y la experiencia consciente. Se considera la chispa divina que anima a cada ser humano.

5. Realización: En la filosofía hindú, alcanzar la realización del Atman es un objetivo espiritual clave. Esto implica darse cuenta de la verdadera naturaleza del Atman y su unidad con el Brahman, lo que conduce a la liberación del ciclo de nacimiento y muerte (samsara).

Es importante destacar que la comprensión del Atman varía entre las diferentes escuelas y tradiciones hindúes. Algunas escuelas pueden enfocarse más en la relación entre el Atman y el Brahman, mientras que otras pueden poner énfasis en la realización individual y la autorrealización. En general, el Atman es una noción central en la espiritualidad hindú y juega un papel crucial en la comprensión de la identidad y la búsqueda de la verdad interior.

B

BRAHMAN

En la filosofía hindú, "Brahman" se refiere a la realidad suprema, la divinidad absoluta y la fuente última de todo lo que existe en el universo. Es el concepto central en muchas de las escuelas filosóficas y religiosas del hinduismo y se considera la causa y la esencia de todo.

Principales características de Brahman:

1. Universalidad: Brahman se considera omnipresente y trasciende todo lo que existe. No está limitado por el tiempo, el espacio o las categorías duales.

2. Unidad: En la filosofía vedanta, se sostiene que el Brahman es la única realidad verdadera y que todo lo demás, incluidos los seres individuales (Atman), es una manifestación o extensión de Brahman. Esta creencia se conoce como "Advaita Vedanta" o "no dualidad".

3. Inmanencia y trascendencia: Aunque Brahman trasciende el mundo fenoménico, también se considera que está presente en todas las cosas. Se le llama "Nirguna Brahman" cuando se lo concibe como sin atributos y "Saguna Brahman" cuando se le asignan cualidades divinas, como amor, compasión o sabiduría.

4. Fuente de todo: Se cree que Brahman es la fuente primordial de la creación y el sustento del universo. Todas las deidades y aspectos del mundo material emanan de Brahman.

5. Búsqueda espiritual: La comprensión y la realización de Brahman es un objetivo espiritual importante en el hinduismo. La búsqueda de la verdad interior y la conexión con lo divino a menudo implican la comprensión de la relación entre el Atman (el alma individual) y Brahman.

Brahman es la concepción hindú de la realidad suprema y la divinidad absoluta que es tanto trascendente como inmanente. La comprensión de Brahman y su relación con el Atman es fundamental para la espiritualidad y la filosofía hindúes.

BRAHMANISMO

BRAHMANISMO: De todas las religiones del mundo es la considerada más antigua. Sus primitivas fuentes hay que buscarlas en los libros sagrados indios escritos unos 1500 años antes de Cristo.

Para los seguidores de esta religión sólo existe el dios Brahma, quien encierra en si mismo la inteligencia, la materia, que por emanación y evolución dio origen al Universo.

La naturaleza existe, el alma universal de Brahma lo absorbe todo. La vida no es más que un tiempo :e infelicidad entre dos existencias, una ya parada y otra futura, tan triste como la pasada, lo que el único bien se encuentra en desliarse de todo lo terrenal y anular el ser procurando el futuro perfeccionamiento por medio de a penitencia y el ascetismo. En todo ser hay sustancias del alma de Brahma, y esas sustancias, almas, pasan de un ser a otro en virtud de la trasmigración.

Otra característica es la realidad social que produce la división en castas. Proclaman los seguidores del Brahamanismo que el Supremo ha creado cuatro especie de hombres con una misión especial que cumplir:

Brahamanes, que han salido de la boca de Brahma, están encargados de enseñar los himnos, practicar los sacrificios, mantener el culto. Es la primera casta, la más distinguida,

Chatrias, que han salido del brazo de Brahma y que son los guerreros encargados de la defensa del pueblo. Forman la segunda casta,

Vaizias, que han salido del muslo de Brahma, son los pastores, agricultores y comerciantes,

por último, los Sudras, que han salido del pie de Brahma, y que son los siervos y servidores de las otras tres castas.

Asimismo también existen los Parias, que son aquellos que no pertenecen a ninguna de las cuatro castas, son impuros. Ninguna de las castas debe entremezclarse, ya que cada una tiene sus derechos y sus deberes.

Podemos considerar dentro del brahamanismo varias escuelas especulativas de acuerdo con su mayor o menor acercamiento, como por ejemplo la escuela Mimansa y la Vedanta, consideradas como ortodoxas, mientras que tanto la Naya, como la Vaisechica y la Samkhya, son heterodoxas.

En cuanto a los textos considerados canónicos por los seguidores de esta religión, encontramos en primer lugar los cuatro Vedas: Rig Veda. Sama Veda, Yajur Veda y Atar Veda. También son importantes los Puranas, o colección de dieciocho poemas, y los famosos Mahabarata y Ramayana.

F

FAKIR

FAKIR: Asceta seminudista indio que se dedica a la mendicidad.

Ver Faquirismo.*

(Arábigo). Un asceta musulmán de la India, un "yogui" mahometano

Este nombre se aplica frecuentemente, aunque de una manera errónea, a los ascetas indos; pero, hablando estrictamente, los ascetas musulmanes son los únicos que tienen derecho a titularse así

Esta vaga manera de llamar las cosas por nombres generales fue adoptada en Isis sin velo, pero ahora se ha corregido.

FALO

El culto fálico, es decir al órgano sexual masculino como símbolo de la fertilidad es muy antiguo, y aparece reflejado tanto en creencias animistas primarias como en religiones más modernas y complicadas.

Aparece en Egipto, las procesiones fálicas son descritas por Heródoto quien afirma que se transportaban imágenes con enormes falos que eran movidos por los sacerdotes con cuerdas.

Costumbre semejante se daba en la Grecia clásica en las festividades dionisiacas, en el culto a Hermes, a Deméter y sobre todo a Príapo.

Lo mismo sucedía en las culturas indígenas de América y en algunos pueblos africanos y asiáticos. Pero sobre todo, donde más profundo está su simbolismo es en la India. El culto a Siva está saturado de él (ver lingam*), y sus reproducciones aparecen por doquier. Incluso en esta zona existe una secta, la de los saktas, cuya doctrina es eminentemente fálica.

FALO

El término procede del griego phallos y constituye el símbolo de la continuidad de la vida, del poder activo y de la fuerza en su propagación cósmica.

Los cultos fálicos fueron muy frecuentes en la Antigüedad, desde India, China y Egipto hasta la Grecia clásica (Dionisio, Démeter, etc.).

FAQUIR

FAQUIR: Especie de santón, mahometano o hindú, al que se le atribuyen poderes sobrenaturales.

Al margen de la posible autenticidad de algunos faquires —existe incluso para algunos «la vía del faquir», dentro del desarrollo espiritual del individuo—, la mayoría de los faquires de corte exhibicionista manipulan ciertos fenómenos de catalepsia controlada, de inmovilidad, insensibilidad y detención de las funciones vitales.

Además, este tipo de faquires utiliza la sugestión sobre los presentes como un recurso que les proporciona óptimos resultados.

FAQUIRISMO

FAQUIRISMO: Importante rama del misticismo oriental que agrupa a hombres que poseen ciertas facultades gracias a las cuales y a sus conocimientos del organismo humano consiguen realizar extraordinarios actos.

Un ejemplo clásico es el de poder dormir sobre una tapia de agudísimas puntas. El fin primordial del faquirismo es la identificación del hombre con la divinidad mediante la concentración, demostrando que el abandono del cuerpo permite dejar libre al espíritu.

FILOSOFÍA NYÂYA

FILOSOFÍA NYÂYA: Uno de los seis Darzanas, sistemas o escuelas filosóficas de la India; un sistema de lógica inda fundado por el richi Gautama

[Este sistema se llama también filosofía dialéctica de Gotama (o Gautama)

Como indica su nombre (propiedad, conveniencia), el sistema nyâya es el método adecuado para llegar a una conclusión mediante el análisis lógico

Según dicho sistema, cuando en virtud de un razonamiento justo y recto, el hombre se ha sustraído al falso conocimiento, alcanza la liberación

(Véase: Darzanas).]

FILOSOFÍA PÛRVA-MÎMÂNSÂ

FILOSOFÍA PÛRVA-MÎMÂNSÂ: (o Mîmânsâ anterior). Fue fundada por Jaimini

Su objeto, lo mismo que el de la escuela Uttaramîmânsâ, es "enseñar el arte de razonar, con el expreso propósito de facilitar la interpretación de los Vedas, no sólo en la parte especulativa, sino también en la práctica", especialmente en lo que se refiere al Karma, esto es, a la acción, tanto religiosa como mundana y a sus frutos, y de que modo liga al hombre a este mundo, siendo una causa de reencarnación, motivo por el cual se ha dado también a este sistema filosófico el nombre de Karma-Mînânsâ

(Véase: Darzanas).

FILOSOFÍA SÂNKHYA

FILOSOFÍA SÂNKHYA: Sistema filosófico fundado por el richi Kapila; sistema de metafísica analítica, y uno de los seis Darzanas o escuelas de filosofía

Trata de categoría numéricas y del significado de los veinticinco tattvas (fuerzas de la Naturaleza en diversos grados)

Esta "escuela atómica", como algunos la denominan, explica la Naturaleza por la acción mutua de veinticuatro elementos, y además el Purusha (Espíritu), modificados por los tres gunas o cualidades, enseñando la eternidad del Pradhâna (materia homogénea primordial), o la auto-transformación de la naturaleza y la eternidad de los Egos humanos

[Por su etimología, el sistema Sankhyâ significa sistema enumerativo, o mejor, sistema racionalista (de sankhyâ, número, enumeración, razonamiento)

Explica la naturaleza del Espíritu (Purusha) y de la Materia (Prakriti o Pradhâna), dos principios igualmente increados y eternos, que, por su mutua unión, dan origen a todos los seres, animados e inanimados

Tal como lo vemos expuesto en el Sânkhya-Kârikâ imprimían actividad y energía

Analizado en general, el fuego es un triple principio; esotéricamente, es un septenario, como lo son todos los demás elementos

Así como el hombre está compuesto de Espíritu, alma y cuerpo, y tiene además un cuádruple aspecto, así es el Fuego

Según se expresa en las obras de Roberto Fludd (de Flúctibus), uno de los más famosos rosacruces, el Fuego contiene:

    1) una llama visible (cuerpo);

    2) un fuego astral invisible (alma), y

    3) Espíritu

Los cuatro aspectos son: calor (vida), luz (mente o inteligencia), electricidad (poderes kármicos o moleculares), y la Esencia sintética, por encima del Espíritu, o sea la causa radical de su existencia y manifestación

Para el filósofo hermético o rozacruz, cuando una llama se extingue en el plano objetivo, no ha hecho más que pasar del mundo visible al invisible, de lo cognoscible a lo incognoscible.

G

GAGANEZVARA

GAGANEZVARA: [Gagana-Izvara] (Sánscrito). "Señor del cielo"; un nombre de Garuda.

GAGANOLMUKA

GAGANOLMUKA: (Sánscrito). Literalmente: "la tea del cielo"; el planeta Marte, por su color rojo.

GAHANA

GAHANA: (Sánscrito). Profundo, impenetrable, inextricable, intrincado.

GAJÂNANA

GAJÂNANA: Sánscrito). Ganeza, por tener la cara o cabeza de elefante.

GAJENDRA

GAJENDRA: (Gaja-Indra) (Sánscrito). Literalmente: "rey de los elefantes"; un noble elefante

(Bhagavad-Gîtâ, X, 27).

GAMMADION

GAMMADION: Con este nombre se designa a veces la cruz llamada svastika

(Véase: Svastika).

GANA-DEVAS

GANA-DEVAS: (Sánscrito). Cierta clase de seres celestiales, de quienes se dice que habitan el Mahar-loka

Son los regentes de nuestro Kalpa (cielo), por lo cual se los denomina Kalpâdhikârins o "Señores de los Kalpas", y duran sólo un "Día" de Brahmâ.

GANA-DEVATAS

GANA-DEVATAS: (Sánscrito). Literalmente: "multitudes o regiones de dioses"

Este término se aplica a aquellas divinidades que están constituídas generalmente en clases o grupos, tales como los Âdityas, los Vasus, los Rudras, los Sâdhyas, etc.

GANA-PATI

GANA-PATI: (Sánscrito). Literalmente: "Señor de la multitud de divinidades inferiores". Epíteto de Ganeza.

GANA

GANA: (Sánscrito). Multitud, legión, grupo, asociación, etc. La multitud de divinidades inferiores, especialmente las que están al servicio de Shiva, regidas por Ganeza.

GANDHARVA

Espíritus que aparecen reflejados en los veda asociados a los apsaras.

Son ligeros como el aire y temidos a causa de su espíritu veleidoso.

GANDHARVA-LOKA

(Sánscrito). Literalmente, "el mundo de los Gandharvas"

La región o el mundo de los espíritus celestes (uno de los ocho mundos).

GANDHARVA-VEDA O GANDHARVA-VIDY

(Sánscrito). "La ciencia de los Gandharvas". -La música, el canto.

GANDHARVAS

GANDHARVAS: [o Gandharbas] (Sánscrito). Cantores o músicos celestes de la India

En los Vedas, estas divinidades revelan a los mortales los arcanos del cielo y de la tierra y la ciencia esotérica

Tenían a su cuidado la planta del sagrado Soma y su jugo, la ambrosía o néctar que se bebía en el templo y que da la "omnisciencia"

[El Ghandarva del Veda es la deidad que sabe y revela a los mortales los secretos de los cielos y las verdades divinas en general

Cósmicamente, los Ghandarvas son las potencias agregadas del Fuego solar y constituyen sus fuerzas; psíquicamente, son la inteligencia que reside en el Suchumnâ, el Rayo solar, el más eminente de los siete Rayos; místicamente, son la Fuerza oculta en el Soma, la Luna o planta lunar, y la bebida hecha con él; físicamente, son las causas fenomenales; y espiritualmente, las causas noumenales del Sonido y la "Voz de la Naturaleza"

Por esto son denominados los 6.333 cantores celestes y músicos del paraíso de Indra, que personifican, hasta en número, los varios y múltiples sonidos de la Naturaleza

En las alegorías posteriores se dice que tienen un místico poder sobre las mujeres y que son aficionados a ellas

El significado esotérico es claro

Son una de las formas, si no los prototipos de los Angeles de Enoch, los Hijos de Dios, que vieron que las hijas de los hombres eran hermosas (Génesis, VI), se casaron con ellas, y enseñaron a las hijas de la tierra los secretos del cielo

(Doctrina Secreta, I, 569).]

GANDHAVATÎ

GANDHAVATÎ: (Sánscrito). "Sitio del olor". -La tierra, madre de los olores

(Uttara-Gîtâ, II, 22).

GANDHI

Mohandas Karamchand Gandhi (1869-1948) luchador por la reforma de la sociedad de la India y defensor de la resistencia no violenta.

Aunque no fue un líder religioso, su personalidad hace que sea incluido en todos los tratados sobre la religión en base a que mantiene un ejemplo constante de lo que debe ser la piedad hindú, y como todas las religiones pueden representar el mismo ideal de búsqueda de Dios.

Mantuvo un alto grado de importancia por su sencillez, por la defensa de la distribución equitativa de la tierra, por la lucha contra la violencia a través del empleo de la no violencia.

GÂNDÎVA

GÂNDÎVA: (Sánscrito). Literalmente, "que hiere en el rostro"

Nombre del arco que Arjuna recibió del dios Agni

Este arco estaba dotado de virtudes maravillosas.

GANESA

GANESA: Dios del hinduismo, hijo de Siva y Parvati, al que se representa con la cabeza de un elefante, y suele ser considerado como la supervivencia de algún culto teriomórfico.

A causa de su aspecto medio hombre, medio animal, simboliza la identidad de Dios y el hombre expresada en la fórmula "tat tvam asi".

También se le suele llamar Ganapati o Señor de Ganas.

GANEZA-GÎTÂ

GANEZA-GÎTÂ: (Sánscrito). Es el Bhagavad-Gîtâ, con la diferencia de estar allí sustituído el nombre de Krishna con el de Ganeza

Es de uso corriente entre los gânapatyas o adoradores de Ganeza

Es la obrita titulada Grandeza del Bhagavad-Gîtâ según el Vârâhapurâna, se alude a ambos Gîtâs, puesto que la estrofa primera empieza en estos términos: "¡Loor al glorioso Ganeza! ¡Loor al amante de Râdhâ (Krishna)!".

GANEZA-PURÂNA

GANEZA-PURÂNA: (Sánscrito). Uno de los Purânas menores, que trata especialmente de la gloria y grandeza del dios de cabeza de elefante.

GANEZA

GANEZA: (Sánscrito). El dios cabeza de elefante, dios de la Sabiduría, hijo de Shiva. Es equivalente al egipcio Thot-Hermes, y Anubis o Hermanubis

(Véanse estas palabras)

Según dice la leyenda, habiendo Ganeza perdido su cabeza humana, ésta fue sustituída con la de un elefante. [Ganeza (gana-îza) es llamado también Ganapati (gana-pati), pues ambos nombres significan "Señor de las multitudes de divinidades inferiores", que están al servicio de Shiva

Es asimismo designado con los nombres de Gajânana (que tiene cabeza de elefante), Gajâsya (de igual significado), Ekadanta (que tiene un solo diente o colmillo), y otros

Era hijo de Shiva y Pârvatî, o de Pârvatî solamente, pues dice la leyenda que surgió de la caspa del cuerpo de Pârvatî

En su calidad de dios de la sabiduría y de eliminador de obstáculos, se pide su auxilio al empezar una empresa de importancia, y se le invoca al principio de los libros

Véase: Cinocéfalo.]

GANGÂ-SÂGARA

GANGÂ-SÂGARA: (Sánscrito). La boca del Ganges

Lugar santo para bañarse, consagrado a Vishnú.

GANGA

GANGA: Divinidad femenina del hinduismo que personifica al Ganges, y que es representada con el aspecto de una reina sentada sobre un cocodrilo.

GANGÂDHARA

GANGÂDHARA: (Sánscrito). Literalmente: "sostenedor del Ganges". Epíteto de Shiva

Al despeñarse del cielo el río Ganges, Shiva, para librar la tierra del choque de su violenta caída, recibió al río en su frente y reprimió su curso con sus enmarañados cabellos. El río bajó luego de la frente del dios formando varias corrientes en número de siete, como generalmente se admite, que son los siete ríos o sindhus (sapta-sindhava), uno de los cuales es el Ganges propiamente dicho.

GANGÂDWÂRA

GANGÂDWÂRA: (Sánscrito). Literalmente, "la puerta del Ganges"

Nombre de una ciudad conocida actualmente con el nombre de Hardwâr, situada al pie de los Himalayas [junto a un boquete de la montaña, por la cual baja el río a la llanura.]

GANGES

GANGES: El más sagrado de los ríos de la India y uno de los más importantes del mundo.

Nace al pie de la cordillera meridional del Himalaya y desemboca en el golfo de Bengala tras haber recorrido 2.725 kilómetros.

Forma parte de la mitología con el nombre de Ganga, la hija del Himalaya.

Todo su curso es sagrado para los hindúes, y por ello sus orillas aparecen bordeadas de templos y lugares de baño para que el peregrino pueda purificarse en sus aguas. Su manantial procede de los pies de Visnú y cuenta con dos corrientes diferentes, una que discurre por el cielo bajo la forma de la vía láctea, y la otra que lo hace por la Tierra y que procede de los cabellos de Siva.

Para el hinduismo hay tres hechos que permanecen unidos a este río: las peregrinaciones a los lugares santos que están situados en sus orillas, como Benares y Prayaga; el baño en sus aguas que representa la mejor manera de alcanzar la purificación del cuerpo y del espíritu; y el honor que supone el que las cenizas de una personas sean esparcidas en él tras la muerte.

GÂNGEYA

GÂNGEYA: (Sánscrito). Sobrenombre de Bîchma, como hijo de la diosa

Gangâ.

GANGO-JI

GANGO-JI: Templo de la escuela Kegon. Uno de los siete templos principales de Nara. En 588, un oficial de la corte llamado Soga no Umako inició la construcción del templo, que fue concluido en 596. Se lo llamó Asuka jí, porque estaba cerca de una zona denominada Asuka, y se lo conoció, asimismo, como Hoko ji.

Cuando la capital se trasladó a Nara, allí se comenzó la construcción de una rama del templo, en 719, que se completó en 745. El viejo templo se llamó Hon-gangoji, y el nuevo, Shin-gango ji. Hongango ji fue destruido por un rayo en 1196. Actualmente, sólo quedan una sala y dieciséis estatuas de pie del buda Shakyalnuni, que se consideran objetos de veneración. Shingango ji prosperó y adquirió un dominio considerable, hasta que, en 1451, fue dañado por un incendio.

A partir de entonces, declinó.

GARBHA

GARBHA: (Sánscrito). Seno, matriz; huevo, germen, embrión, fruto.

GÂRHAPATYA

GÂRHAPATYA: (Sánscrito). Uno de los tres fuegos domésticos. (Râma Prasâd).

GARIMAN

GARIMAN: (Sánscrito). Pesadez, gravedad; el poder que adquiere el yogî de volverse tan pesado como el cuerpo más grave.

GARMANES

GARMANES: Secta establecida en la India primitiva y mencionada por Estrabón.

que decía que la componían ermitaños.

GATÂGATA

GATÂGATA: (gata-âgata) (Sánscrito). Literalmente: "lo que va y viene"

Lo transitorio, la transmigración; felicidad pasajera o inestable.

GATASANGA

GATASANGA: (Sánscrito). Libre de apego, exento de afecciones.

GATAVYATHA

GATAVYATHA: (Sánscrito). Libre de dolor, de inquietud o de temor.

GATHAS

GATHAS: Escritos más antiguos del Avesta que consisten en diecisiete himnos o cánticos que forman parte de la liturgia llamada Yasna.

Se acepta que fueron compuestos por Zoroastro, por lo que tienen capital importancia para el conocimiento de sus enseñanzas.

Los Gathas están escritos en una forma arcaica del idioma avéstico, lo que hace difícil y a veces dudosa su interpretación.

GATI

GATI: (Gâti) (Sánscrito). Las seis (esotéricamente siete) condiciones de la existencia senciente

Están divididas en dos grupos: los tres gatis superiores y los tres inferiores. Al primero corresponden los devas, los asuras y hombres (inmortales); al segundo (en las enseñanzas exotéricas), las criaturas que están en el infierno, los pretas o demonios hambrientos, y los animales

Explicado esotéricamente, sin embargo, los tres últimos son las personalidades que están en el Kâma-loka, elementales y animales

El séptimo modo de existencia es el del Nirmânakâya

(Véase esta palabra)

[El término gati tiene otras muchas acepciones: curso, marcha; vía, sendero; meta; destino; refugio; medio; procedimiento; logro, adquisición, etc.]

GÂTRA

GÂTRA: (Sánscrito). Miembro. En plural, los miembros (de Brahmâ), de los cuales nacieron los hijos "nacidos de la mente", los siete Kumâras.

GAUDAPÂDA

GAUDAPÂDA: (Sánscrito). Célebre preceptor brahmánico, autor de los Comentarios sobre el Sânkhya-Kârikâ, Mândûkya-Upanishad y otras obras.

GAUNIKA

GAUNIKA: (Sánscrito). Relativo o perteneciente a las cualidades (gunas).

GAUPÂYANAS

GAUPÂYANAS: (Sánscrito). Hijos o descendientes de Gopa

Con este nombre se designan cuatro Richis, autores de cuatro notables himnos del Rig-Veda.

GAURÎ

GAURÎ: (Sánscrito). "De color de oro brillante"

Nombre de la esposa de Shiva.

GAUTAMÎ

GAUTAMÎ: (Sánscrito). Epíteto de Durgâ, y nombre de una feroz râk-chasi, o demonio-hembra.

GAYATRI

GAYATRI: El versículo más sagrado del Rigveda que debe recitarse como fórmula principal en muchos ritos y plegarias hinduistas.

Está dirigido al dios solar Savitri o Savitu, y se usa en las ceremonias de iniciación, así como en el culto de las clases superiores.

"Vivamos en la hermosa gloria del dios Savitri, para que él inspire nuestros espiritas".

GHÂRI O GHATI

GHÂRI O GHATI: (Sánscrito).

1) Un período de veinticuatro minutos.

2) Un gathi lunar es algo menos, una sexagésima parte de un día lunar.

(Râma Prasâd).

GHARMA

GHARMA: (Sánscrito). ["Calor que hace sudar". Estación calurosa.] -Epíteto de Kârttikeya [o Skanda, por otro nombre], el dios de la guerra indo y el Kumâra nacido de la gota de sudor de Shiva que cayó en las aguas del Ganges

[Es también el planeta Marte.]

GHAT

GHAT: Entre los hindúes es el "lugar sagrado", que puede representar el punto donde realizar un baño ritual o el campo dedicado a la crema-ción de cadáveres.

Ver Benarés.

GHERANDA SAMHITA

GHERANDA SAMHITA: Uno de los textos más importantes del hatha yoga donde se habla de gran número de preceptos y técnicas.

Los otros libros de interés son Shiva Samhita y Hatha Yoga Pradipika.

GHRÂNA

GHRÂNA: (Sánscrito). Olor, olfato. -El órgano del olfato, la modificación odorífera del Prâna. (Râma Prasâd).

GHRITA

GHRITA: (Sánscrito). Manteca clarificada. (Uttara-Gîtâ, I, 28).

GIMNOSOFISTAS

GIMNOSOFISTAS: Nombre dado por los griegos de la época clásica a los filósofos hindúes, digambaras, que vivían como ascetas solitarios practicando el nudismo, que fueron encontrados por las tropas de Alejandro Magno en el norte de la India.

GIR

GIR: (Sánscrito). Voz, palabra, lenguaje, verso, canto.

GITA GOVINDA

GITA GOVINDA: Poema religioso hindú de marcado carácter erótico que cuenta la juventud de Krishna, cuando bajo la forma de Govinda el vaquero tuvo amores con Radha.

GÎTÂ

GÎTÂ: (Sánscrito). Canto, poema. Por antonomasia se designa así el Bhagavad-Gîtâ.

GLÁNDULA PINEAL

GLÁNDULA PINEAL: Llamada también "tercer Ojo". Es una pequeña masa de substancia nerviosa gris-rojiza del tamaño de un guisante, adherida a la parte posterior del tercer ventrículo del cerebro

Es un órgano misterioso, que en otro tiempo desempeñó un importantísimo papel en la economía humana

Durante la tercera Raza y a principios de la cuarta existía el tercer Ojo, órgano principal de la espiritualidad en el cerebro humano, asiento del genio, el "Sésamo" (alusión a las palabras "Sésamo, ábrete", que tenían la virtud de abrir la puerta de una cueva llena de tesoros, según se lee en uno de los cuentos de las Mil y una Noches) mágico que, pronunciado por la purificada mente del místico, abre todas las vías de la verdad para el que sabe usarlo (Doctrina Secreta, III, 506). Un Kalpa después, a causa de la gradual desaparición de la espiritualidad y del aumento de la materialidad humanas, extinguida la naturaleza espiritual por la física, el tercer Ojo fue "petrificándose", atrofiándose por grados, empezó a perder sus facultades, y se obscureció la visión espiritual

El "Ojo divino" (Devâkcha, como llaman los ocultistas al tercer Ojo) no existe ya; está muerto y ha dejado de funcionar, pero ha dejado tras sí un testimonio de su existencia, y este testimonio es la Glándula pineal, que con los nuevos progresos de la evolución, volverá a entrar en plena actividad

En nuestros mismos días, la práctica del Râja-yoga conduce al desarrollo de las funciones del tercer Ojo, a las facultades de clarividencia, transmisión del pensamiento y otros poderes ocultos

(Véase: Doctrina Secreta, III, 503, 504, 577, etc.).

GLÂNI
GLÂNI: (Sánscrito). Decadencia, abatimiento, debilidad, mengua.

GO
GO: (Sánscrito). Buey, vaca; en lenguaje figurado: la tierra, la nube, etc.

GOGHRITA
GOGHRITA: (Sánscrito). Literalmente: "leche de vaca"

En sentido figurado, es el agua de las nubes, la lluvia.

GOKARNA
GOKARNA: (Sánscrito). Literalmente: "oreja de vaca"

Lugar de peregrinación consagrado a Shiva, en las cercanías de Bangalore.

GOLA
GOLA: (Sánscrito). Esfera. Es también un epíteto de Durgâ.

GOLOKA
GOLOKA : (Sánscrito). "El lugar de las vacas". Nombre dado al cielo de Krishna.

GOPALA
GOPALA: Uno de los nombres dados a la divinidad Krihsna, cuando se le representa como un niño.

GOPIS
GOPIS: (Sánscrito). Zagalas o pastoras de vacas

Las compañeras de juego con quienes vivió Krishna, entre las cuales figuraba su esposa Râdhâ.

GORAKHANATHIS

GORAKHANATHIS: Movimiento fundado por Madhava (1197-1280) filósofo de la escuela dualista del Vedanta, que intentaba resolver el problema de como en lo Absoluto, Dios puede ser el Unico, al mismo tiempo que identificable con todos los atributos, algunos de los cuales se presentaban como contradictorios: inestabilidad y movimiento; inconsciencia y consciencia...

Madhava admite las tres fuentes de conocimiento: la percepción, el razonamiento y la autoridad escrituaria; pero su nombre nos revela sus preferencias, ya que "Madhava" significa precisamente "lo negro", atribuído a Krishna, dios de lo inconsciente. De ahí resulta que no carga el acento sobre la consciencia, el razonamiento lúcido y finalmente la verdad, sino sobre la sumisión a las fuerzas de las tinieblas, cuando la percepción y el razonamiento se revelan ineficaces. Mejor que tres elementos de un plano general, Madhava formula tres planos universales de los cuales el primero es el único que pertenece al dios soberano, siendo el segundo el de las almas o formas y el tercero el mundo material en si. Dios es a la vez organizador y destructor, al mismo tiempo que dueño trascendente por naturaleza. Se encarna en sus avatares contenidos todos en el mundo de las imágenes o de las formas: el plano de lo formulable. En un mundo eterno, las almas trasmigran de vida en vida o de soporte en soporte, pero pueden, a veces, quedarse en la materia cuando ceden al mal absoluto.

También pueden salvarse en Dios si acceden al bien Supremo.

GOSAVA

GOSAVA: (Sánscrito). El sacrificio de la vaca. Uno de los tres sacrificios. -Véase: Ayus.

GOSSAIN

GOSSAIN: (Sánscrito). Nombre de cierta clase de ascetas de la India.

GOVINDA

GOVINDA: (Sánscrito). "Propietario de vacas, boyero o vaquero"

Sobrenombre de Krishna, por haberse criado en la familia de un vaquero llamado Nanda

Según Burnoff y otros filósofos, dicho término es una forma vernácula del sánscrito gopendra o gopîndra, "señor o jefe de pastores", lo cual sería una alusión al culto pastoril de Krishna.

GRAHANA-SAMÂPATTI

GRAHANA-SAMÂPATTI: (Sánscrito). Conocimiento del instrumento de conocimiento

(Manilâl Dvivedi, Comentario de los Aforismos de Patañjali).

GRAHANA

GRAHANA: (Sánscrito). Instrumento, sentidos; los indriyas. (Véase esta palabra).

GRAN CICLO

GRAN CICLO: Un mahâkalpa o Edad de Brahmâ, cuya duración es de 311.040.000.000.000 de años solares. Su símbolo es Garuda

Dentro del Gran Ciclo hay numerosos ciclos menores.

GRAN EDAD

GRAN EDAD: Ha habido varias "Grandes Edades" mencionadas por los antiguos

En la India abarcaba todo el Mahâ-manvantara, la "Edad de Brahmâ", cada día de la cual representa el ciclo de vida de una cadena, esto es, comprende un período de siete Rondas

(Véase: Buddhismo Esotérico de A. P. Sinnett)

Así es que, mientras un "Día" y una "Noche" representan, como Manvantara y Pralaya, 8.640.000.000 de años, una "Edad" dura un período de 311.040.000.000.000, después del cual el Pralaya, o disolución del Universo, se hace universal

Entre los egipcios y griegos, la "Gran Edad" se refería sólo al año tropical o sideral, cuya duración es de 25.868 años solares

Acerca de la edad completa -la de los dioses- nada decían, porque era un punto que únicamente podía ser discutido y divulgado en los Misterios, durante las ceremonias de la Iniciación

La "Gran Edad" de los caldeos era la misma, en números, que la de los indos.

GRAN ENGAÑADOR

GRAN ENGAÑADOR: Con este calificativo se designa a Mâra, en la Voz del Silencio, I.

GRIHÎTRI

GRIHÎTRI: (Sánscrito). Literalmente: "el que coge"; conocedor.

GUDÂKEZA

GUDÂKEZA: (Gudâkesha) (Sánscrito). Reina alguna discordancia acerca de la etimología y significación de esta palabra. Para unos, se descompone en gudâka-îza, en cuyo caso significa: "Señor o vencedor del sueño (de la ilusión)", como entiende Annie Besant; el "insomne" (Govindâchârya); para otros, se descompone en guda keza, y entonces significaría: "el de redonda cabellera", "el de rizado o ensortijado cabello" (cujus capilli globulorum instar, intorti sunt -Lassen); "el de espesa o abundante cabellera"

Sobrenombre de Krishna (Bhagavad-Gîtâ, XI, 7) y de Arjuna (Id., II, 9; X, 20).

GUHYA-VIDYÂ

GUHYA-VIDYÂ: (Sánscrito). Conocimiento secreto de los mantras místicos

[Ciencia oculta o esotérica.

Véase: Gupta-Vidyâ.]

GUHYEZVARÎ

GUHYEZVARÎ: (Sánscrito). Prajnâ, o la diosa del misterio; energía femenina de Adibuddha.

GUNAS

La escuela hinduista del Samkhya defiende la existencia de tres atributos, cualidades o estados, que fueron recogidos por la teología vaisnavista para explicar la evolución de la naturaleza o mundo material: Sattva o resplandor, es la más útil de todas; Rajas o fuerza, la más volátil; y Tamas o tinieblas, la masa.

Asimismo la doctrina yoga considera también tres gunas o elementos constitutivos, sustancias primordiales: Sattva o pureza; Rajes o pasión y Tasuso o error.

GUNA-DHARMA

(Sánscrito). El deber inherente a la posesión de una cualidad determinada.

GUNA-SANKHYÂNA

(Sánscrito). Teoría o sistema de los tres gunas (cualidades).

GUNA-TRAYA

(Sánscrito). Los tres gunas o cualidades. -Véase: Traigunya y Triguna.

GUNABHEDATAS

(Sánscrito). Según la división o distinción de las cualidades (gunas).

GUNABHOKTRI
(Sánscrito)

"El que percibe o experimenta las cualidades (gunas)"; el Espíritu, que es testigo o experimentador de la acción de las cualidades en la naturaleza material.

GUNAMAYA
(Sánscrito). Que contiene las tres cualidades; formado o constituído por los gunas; virtuoso.

GUNAMAYÎ-MÂYÂ
(Sánscrito). La ilusión producida por las tres cualidades.

GUNÂTITA
GUNÂTITA: (Sánscrito). Que se ha sobrepuesto a las cualidades; que se ha librado de ellas.

GUPTA-VIDYÂ
GUPTA-VIDYÂ: (Sánscrito). Igual significado que guhya-vidyâ. Ciencia oculta o esotérica.

GURU
En sánscrito equivale a maestro en un sentido dialéctico y didáctico.

El gurú ha desempeñado un cometido importante en la transmisión y evolución del hinduismo y otras religiones indias.

En el hinduismo la enseñanza tradicional se hace en forma oral, por lo que el papel desempeñado por el gurú ha sido imprescindible.

En su compañía vivían los estudiantes que se preparaban a la vez que honraban a su maestro.

También en algunas sectas tenían a su cargo la iniciación de los nuevos adeptos, como por ejemplo entre los lingayats y los sivaítas.

GURU
Término sánscrito cuyo significado es «maestro».

En el hinduismo es la denominación de un maestro espiritual y preceptor, que estudia los textos sagrados y práctica ciertos ejercicios con un reducido número de discípulos.

Durante las últimas décadas el término se ha extendido considerablemente por Occidente, convirtiéndose en algo muy habitual para designar a un maestro espiritual.

GURÚ
Significa El que Disipa la Oscuridad.

En sentido espiritual, se llama así a un maestro que enseña una doctrina espiritual y filosófica.

GURÚ
Instructor espiritual, un maestro en doctrinas metafísicas y éticas.

H

HALABHRIT

HALABHRIT: (Sánscrito). "Que lleva un arado". Epíteto de Balarâma, hermano mayor de Krishna.

HALÂYUDHA

HALÂYUDHA: (Sánscrito). "Que tiene por arma una reja de arado". Otro epíteto de Balarâma

Véase: Halachah.

HÂNI

HÂNI: (Sánscrito). Pérdida, destrucción, falta, mengua, ruina, aniquilación, extinción, desaparición.

HANSA-VÂHANA

HANSA-VÂHANA: (Sánscrito). Literalmente: "que utiliza el Cisne como vehículo suyo"

Epíteto de Brahma (neutro) o Parabrahman

(Doctrina Secreta, I, 47)

Reina entre los orientalistas occidentales alguna confusión respecto a la aplicación de esta palabra

Véase: Hamsa y Kâla-hamsa.

HANUMÂN

HANUMÂN: (Sánscrito). El dios-mono del Râmâyana; generalísimo del ejército de Râma; hijo de Vâyu, dios del aire y de una virtuosa demonia

Hanumân era el fiel aliado de Râma, y con su ingenio y audacia sin igual, ayudó al avatar de Vishnú a vencer por fin al rey-demonio de Lankâ, Râvana, que había arrebatado a la bella Sîtâ, esposa de Râma; ultraje que fue causa de la famosa guerra descrita en el mencionado poema indo

[Véase: Cinocéfalo.]

HANUMAT

HANUMAT: Dios mono de los hindues que aparece en el Ramayana como jefe de los monos ayudando a Rama a vencer al rey de Ceilán, Rayana.

"...Hanumat, seguido de algunos monos, a la cabeza de los cuales iba Angada, se dirigió a la región meridional, siguiendo la orden dada por Sugriva.

Estos cuadrumanos buscaron con ardor, arriesgando su vida por Rama..." (Ramayana).

HARCHA

HARCHA : (Sánscrito). Alegría, gozo, deleite, placer, contento.

HARCHANA

HARCHANA: (Harshana) (Sánscrito). Divinidad que preside a los zrâddhas u ofrendas a los difuntos

[El 14to. Yoga astronómico.]

HARI-HARA

HARI-HARA: (Sánscrito). Combinación de los nombres de Vishnú y Shiva, que representa la unión de las dos divinidades en una sola.

HARI-VANZA

HARI-VANZA: (Harivansa). Una parte del Mahâbhârata, un poema que versa sobre la genealogía de Hari (Vishnú).

HARYASWAS

HARYASWAS: (Sánscrito). Los cinco y diez mil hijos de Dakcha, que en vez de poblar el mundo, como deseaba su padre, todos ellos se hicieron yoguîs, conforme lo aconsejó el misterioso sabio Nârada, y permanecieron célibes: "Disemináronse por las regiones y no han vuelto"

Esto significa, según la ciencia secreta, que todos ellos se habían encarnado en mortales

Dicho nombre se aplica a los que naturalmente se hacen místicos y célibes, de quienes se dice que son encarnaciones de los Haryaswas.

HASTIJÎHVA

HASTIJÎHVA: (Sánscrito). Un nâdi que va al ojo derecho. (Râma Prasâd).

HEMAKEZA

HEMAKEZA: (Sánscrito). Literalmente: "de cabellos de oro". Epíteto de Shiva.

HIJOS DE KRIZÂZWA

HIJOS DE KRIZÂZWA: (Krisâswas) (Sánscrito). Las armas denominadas Agneyastra. Las mágicas armas vivientes dotadas de inteligencia, de que se hace mención en el Râmâyana y en otras partes

Se trata de una alegoría oculta

[Véase: Agnyastra.]

HIJOS DE LA MENTE
HIJOS DE LA MENTE: Son los llamados en sánscrito Mânasa-putrâs, por haber nacido de la mente de Brahma; los frutos del Kriyâzakti.

HIJOS DE LA NOCHE
HIJOS DE LA NOCHE: Los Asuras. Los que salieron del cuerpo de Brahmâ cuando se hizo Noche. (Doctrina Secreta, II, 170).

HIJOS DEL FUEGO O AGNI-PUTRÂS, EN SÁNSCRITO
HIJOS DEL FUEGO O AGNI-PUTRÂS, EN SÁNSCRITO: Son los primeros seres, llamados "Mentes" en la Doctrina Secreta, desarrollados o procedentes del Fuego primordial (Doctrina Secreta, I, 114); las siete primeras Emanaciones del Logos (I, 473)

Aportaron la luz al mundo y dotaron de razón e intelecto a la humanidad (II, 379) y fueron los instructores de los hijos de la Tierra

(Véase: Agnichvâttas y Kumâras).

HINDUISMO
Esta religión propia de la India que conocemos en Occidente con el nombre de hinduismo es el resultado complejo de una amalgama de cultos y creencias dentro de un marco social común: las castas.

Como tal, el hinduismo obtuvo su forma característica en el periodo de los Upanisades, en que los dioses populares adquirieron cada vez mayor importancia como objeto de devoción.

Se puede establecer un proceso histórico basado en los siguientes períodos:

— **Védico**, en el que fueron compuestos y recopilados los himnos védicos y cuya duración se extiende aproximadamente desde el segundo milenio antes de Cristo hasta el 800 a. C.

— **Upanisádico**, durante el cual la religión védica evolucionó en sentido monista y monoteísta, al mismo tiempo que adoptaba ciertas creencias como las del karma y el renacimiento. Duró hasta el 400 a.C.

— **Etapa clásica**, durante la cual el hinduismo adquirió su forma típica, se extiende hasta el 500 de nuestra era.

— **Período medieval**, importante para el ulterior desarrollo de los cultos de la bhakti, especialmente en el sur dravídico, así como para la elaboración de las más importantes escuelas filosóficas y teológicas dentro de la tradición ortodoxa.

— **Período moderno**, en el que el hinduismo alcanza el impacto occidental.

El hinduismo es una religión familiar y como tal exige poco al individuo, le deja actuar a su aire en la vida diaria. No hay mandamientos divinos ya que los dioses son numerosos; no hay mandamientos de la Iglesia, ya que no existe una organización religiosa aceptada por todos. No obstante existe un comportamiento común, considerado como una especie de moral presente en el corazón de cada uno: prohibición del adulterio, del robo, del asesinato, el respeto a la vaca, la devoción a múltiples divinidades, la transmigración de las almas... La propia estratificación de la sociedad india en castas, permite hablar de un tipo de religión que es difícil de separar del hinduismo primitivo o védico, el brahmanismo, religiosidad que se encuentra en manos de los brahmanes, con Brahma como dios universal, pero hay otras divinidades que conviven como formas supremas, caso de Visnú y Siva. Tal y como decía Ortega y Gasset, "dentro de la religión hindú caben todas las creencias, todas las doctrinas".

Por ello no podemos hablar de una religión dogmática, aunque cada casta tiene su propio repertorio de acciones permitidas y obligadas, un dharma (ley sempiterna) a la que es forzosa ajustarse, porque constituye la ley última del Universo. Cada individuo puede llegar a la perfección dentro de su dharma y no puede llegar a ella por ningún otro camino.

ASPECTOS FUNDAMENTALES
- Renacimiento.

- Reencarnación.

- Karma.

- Valor normativo de los Veda.

DIVINIDADES FUNDAMENTALES
- Brahma dios creador, señor de todas las criaturas.

- Visnú dios preservador, vigila el destino humano.

- Siva dios destructor, origen del bien y del mal.

- Sarvasti mujer de Brahma, diosa del conocimiento.

- Laksmi mujer de Visnú, diosa de la fortuna y de la belleza.

- Kali mujer de Siva, la gran mujer.

DIVINIDADES VEDICAS
- lndra dios del cielo y de la guerra.

- Varuna defensor del orden cósmico.

- Agni dios del fuego y del sacrificio.

HINDUISMO
El Hinduismo no puede ser llamado una filosofía, ni tampoco es una religión bien definida.

Es, mejor dicho, un organismo socio religioso grande y complejo, que consiste de innumerables sectas, cultos y sistemas filosóficos e incluye variados rituales, ceremonias y disciplinas espirituales, como también la veneración de numerosos dioses y diosas.

El origen espiritual del Hinduismo se encuentra en las Vedas, colección de escrituras antiguas escritas por sabios anónimos, los llamados profetas Védicos.

Hay cuatro Vedas, la más antigua de ellas es el Rig Veda.

Escrito en Sánscrito antiguo, el idioma sagrado de India, las Vedas se han mantenido como la más alta autoridad religiosa para muchas de las secciones del Hinduismo.

HIRANYA
(Sánscrito). Radiante, áureo. Este adjetivo se aplica al "Huevo de Brahmâ". [Como sustantivo, significa: Oro, plata u otro metal precioso.]

HIRANYA-GARBHA
(Sánscrito). El radiante o áureo Huevo o Matriz

Esotéricamente, la luminosa "Niebla de Fuego", o material etéreo, del cual se formó el universo

[Epíteto de Brahmâ, nacido del Huevo de oro primordial

"Aquel que sólo puede ser concebido por el espíritu", eterno, alma de todos los seres, habiendo resuelto, en su pensamiento, hacer emanar de su propia substancia las diversas criaturas, produjo primero las aguas, y en ellas depositó un germen

Este germen se convirtió en un huevo, brillante como el oro y randiante como el sol, y en él nació el mismo Brahmâ, padre de todos los seres"

(Leyes de Manú, I, 7-9).]

HIRANYARETAS
HIRANYARETAS: (Sánscrito). El fuego o dios del fuego (Agni); el Sol.

HOLI
HOLI: Gran fiesta celebrada en la India en honor de Krisna para conmemorar las travesuras de su juventud que se desarrolla durante cinco días en el inicio de la primaveraTiene un carácter un tanto licencioso.

HOTAR
HOTAR: Sacerdote invocador de la India védica equivalente al zaotar iranio.

El propio Zoroastro se presenta a si mismo como el zaotar de Ahura Mazda.

HOTRI
HOTRI: (Sánscrito). Sacerdote que recita los himnos del Rig-Veda y hace oblaciones al fuego. [Sacerdote sacrificador]

HOTRIS
HOTRIS: (Sánscrito). Nombre simbólico de los siete sentidos, llamados, en el Anugîtâ, "los siete sacerdotes"

"Los sentidos suministran el fuego de la mente (esto es, el deseo) con las oblaciones de los goces externos"

Es un término oculto empleado en sentido metafísico.

HRÂM! HRÎM! HRÛM!
HRÂM! HRÎM! HRÛM!: (Sánscrito). Triple interjección sacro-santa. En el Bhâgavata Purâna, 5, XVIII, 19 y 20, se lee: "¡OM! ¡Hrâm! ¡Hrîm! ¡Hrûm! ¡OM! Adoración al bienaventurado Hrichîkeza".

HRICHÎKEZA
HRICHÎKEZA: (Hrishikesa) (Sánscrito). De Hrichîka-îza, "señor de los sentidos"; sobrenombre de Vishnú y de Krishna; o de Hrich y Keza, "el de rizado cabello". Es de notar que a Krishna se lo representa con el cabello fuertemente ensortijado

Según Davies, dicho epíteto puede compararse con auricomus, aplicado a Apolo, el dios de dorada cabellera y personificación del Sol.

I

ICHTA-KÂMADUH

ICHTA-KÂMADUH: (I. Kâmadhuk, en nominativo) (Sánscrito). Lo que depara (o hace salir) el objeto apetecido; el cornu copiœ, la vaca de la abundancia o vaca de Indra, de la cual podía extraerse todo cuanto se apetecía

Según Davier, era una representación de la tierra, tan rica y variada en productos

Véase: Bhagavad-Gîtâ, III, 10).

IDÂ O ILÂ

IDÂ O ILÂ: (Sánscrito). Esposa e hija de Vaivasvata Manú, de quien "él engendró la raza de los Manús"

En las leyendas exotéricas se dice que Manú Vaivasvata, deseoso de crear hijos, instituyó un sacrificio a Mitra y a Varuna; pero, por error del sacerdote oficiante, sólo se obtuvo una hija, Idâ o Ilâ

Entonces, "mediante el favor de ambas divinidades", fue cambiado su sexo, y ella se convirtió en hombre, Sudyumna

Después se volvió otra vez mujer, y así sucesivamente, añadiendo la fábula que Shiva y su esposa se complacían en que "fuese ella varón un mes y hembra el otro", lo cual está directamente relacionado con la tercera Raza-madre, cuyos hombres eran andróginos

(Doctrina Secreta, II, 151, 156, etc.) -Véase: Ilâ.

IDA

IDA: Diosa de la palabra que aparece mencionada en los Vedas, como encargada de instruir a Manú.

IDOSPATI

IDOSPATI: (Sánscrito). Lo mismo que Nârâyana o Vishnú; se parece a Poseidón desde ciertos puntos de vista.

IDWATSARA

IDWATSARA: (Sánscrito). Uno de los cinco períodos que forman el Yuga. Este ciclo es el ciclo védico por excelencia, que se toma como base del cálculo para ciclos mayores.

INDIVIDUALIDAD

INDIVIDUALIDAD: Uno de los nombres que en Teosofía y Ocultismo se ha dado al Ego superior humano. Establecemos una distinción entre el Ego inmortal y divino, y el Ego humano perecedero

Este último, o "personalidad" (Ego personal), sobrevive al cuerpo muerto sólo durante cierto tiempo en el Kâma-loka; la Individualidad subsiste para siempre

[Individualidad es la naturaleza inmortal del hombre, el conjunto de los principios humanos superiores (Âtmâ, Buddhi y Manas), que sobreviven al cuerpo físico y se reencarnan repetidas veces, revistiéndose de una nueva personalidad transitoria en cada reencarnación, y acumulando en cada una de éstas un caudal mayor o menor de experiencias

Véase: Personalidad.]

INDOÍSMO O HINDUÍSMO

INDOÍSMO O HINDUÍSMO: La religión de los indos; el brahmanismo

(Véase esta palabra). Es la religión de la mayor parte de los habitantes de la India, y tuvo su cuna en el norte de la misma

Para su estudio, consúltese la excelente obra de Mrs. Annie Besant: Cuatro grandes Religiones.

INDRA-KUÑJARA

INDRA-KUÑJARA: (Sánscrito). El elefante de Indra, llamado también Airâvata.

INDRA

INDRA: Dios principal de los Vedas, es el invencible que conduce a los arios a la victoria.

Entre sus compañeros se encuentra Visnú, que tiene al principio un papel secundario, aunque luego obtendrá un protagonismo propio.

Con el hinduismo clásico decrece su importancia siendo desplazado por Krishna.

Le están dedicados más de 250 himnos del Rigveda.

Himno 5: "Venid pues aquí, sentaos, cantad a Indra, amigos que ofrecéis cánticos de alabanza. Al primero de entre los muchos tesoros deseables, Indra, junto con el Soma exprimido. Que él nos ayude en el trabajo, que él nos ayude en la riqueza, que él nos ayude en la ofrenda, venga a nosotros junto con el botín-.

INDRÂRI

INDRÂRI: (Indra-ari) (Sánscrito). Literalmente, "enemigo de Indra". Un asura.

INDRIYA O DEHA-SANYAMA

INDRIYA O DEHA-SANYAMA: (Sánscrito). El dominio de los sentidos en la práctica del yoga

Hay los diez agentes exteriores; los cinco sentidos que se utilizan para la percepción son llamados Jñânaindriyas, y los cinco usados para la acción, Kama-indriyas. Pañcha-indriyâni significa literalmente y en su sentido oculto: "las cinco raíces productoras de vida (eterna)"

Entre los budistas, son los cinco agentes positivos que producen cinco cualidades supremas

[La palabra indriya significa: fuerza, poder, facultad o potencia humana; sentido

Con la denominación de los "diez indriyas" se designan colectivamente los cinco poderes o facultades de sensación o percepción (jñânendriyas), y los cinco poderes o facultades de acción (karmendriyas), de los cuales los órganos físicos (ojos, oídos, manos, pies, lengua, etc.) no son más que manifestaciones materiales

Entre los indriyas se incluye frecuentemente el manas o sentido interno

Así leemos en el Bhagavad-Gita: "los diez indriyas y el uno (manas)" (XIII, 5); "el sentido interno (manas) y los otro cinco sentidos" (XV, 7)

Véase: Jñanendriyas y Karmendriyas.]

INDUBHRIT

INDUBHRIT: (Sánscrito). El dios Shiva, así llamado por llevar en la frente la media luna, o por ser llevado encima de la media luna. (Burnouf).

INDUMATÎ

INDUMATÎ: (Sánscrito). El día de la luna llena. Nombre de la hermana de Bhoja, rey de Vidarbha.

ISA

ISA: Uno de los principales libros integrantes de los Upanisades, considerado entre los más antiguos.

Texto de gran belleza, muy breve, escrito en prosa, perteneciente al capítulo XIV del Yajur veda "blanco".

Se suele datar del año 700 antes de Cristo.

Expresa una postura panteísta, en la que el ser supremo es considerado Señor (Isa).

Comienza su texto con una invocación que subraya el aspecto universal o Totalidad; mientras que el resto es una búsqueda de lo Real en si. "

> ¡Om!
>
> Aquel es Plenitud.
>
> Este es plenitud.
>
> La Plenitud nace de su Plenitud:
>
> Todo lo que existe es Plenitud.
>
> ¡Om! Paz, Paz, Paz".

ISHA UPANIHAD

ISHA UPANIHAD: Uno de los Upanisades que se refiere a la metafísica y a la mística.

Ver Isa.

ÎSHITÂ

ÎSHITÂ: (Sánscrito). Superioridad. -El poder de alcanzar supremacía; uno de los ocho vibhûtis y poderes de Shiva. (P. Hoult).

ÎZA

ÎZA: (Îsa o Îsha) (Sánscrito). Señor, soberano, rey, jefe, etc. Epíteto de Shiva. Título de uno de los Upanishads (Îzopanishad).

IZOPANISHAD

IZOPANISHAD: (Îza-upanishad) (Sánscrito). Título de uno de los Upanishads.

ÎZVARA O ÎZWARA

ÎZVARA O ÎZWARA: (Iswara o Ishvard) (Sánscrito). El "Señor" o el Dios personal, el Espíritu divino en el hombre

Literalmente, soberana (independiente) existencia

Título dado a Shiva y otros dioses de la India [Brahmâ y Vishnú]

Shiva es llamado también Îzvaradeva o deva soberano

[Îzvara es el principio divino en su naturaleza o condición activa; uno de los cuatro estados de Brahma. (Five Years of Th.) "El Señor (Îzvara)

es un Espíritu (Purusha) particular, a quien no afecta el dolor, las obras, el fruto de ellas ni las impresiones

En El es infinita aquella omnisciencia que en los demás seres sólo existe en germen

Es el Instructor hasta de los primitivos instrucotires, pues no está limitado por el tiempo

Su representación es la palabra glorificadora (OM)"

(Afor. De Patañjali, I, 24-27).

ÎZVARA-DEVA

ÎZVARA-DEVA: (Sánscrito). Deva (o dios) soberano. Epíteto de Shiva.

J

JA
JA: Sobrenombre que se aplica indistintamente a Vishnú y a Siva en el lenguaje místico hinduista.

JÂBALAS
JÂBALAS: (Sánscrito). Estudiantes de la parte mística del Yajurveda Blanco.

JAGAD-GURU
JAGAD-GURU: (Sánscrito). Maestro o instructor del mundo. Epíteto de Brahmâ, Vishnú y Shiva.

JAGAD-VINÂZA
JAGAD-VINÂZA: (-vinasha) (Sánscrito). "Destrucción del mundo"; el fin de un yuga.

JAGAN-MÂTRI
JAGAN-MÂTRI: (Sánscrito). "Madre del mundo". Epíteto de Durgâ o Lakchmî.

JAGAN-NÂTHA
JAGAN-NÂTHA: (Sánscrito). Literalmente, "Señor del mundo", uno de los títulos de Vishnú. La grande imagen de Jagan-nâtha en su carro, cuyo nombre ordinariamente se pronuncia y se escribe Jagernath

El ídolo es el de Vishnú-Krishna, cerca de la ciudad de Cuttack, en Orissa, es el gran centro de su culto, y dos veces al año un número inmenso de peregrinos concurre de todas partes a las fiestas del Snâna-yatra [procesión del baño], y Rathayâtra [procesión del carro.] Durante la primera, se baña la imagen, y durante la segunda, dicha imagen es colocada sobre un carro, entre las imágenes de Balarâma y Subhadrâ (hermano y hermana, respectivamente, de Krishna), y el colosal vehículo es tirado por los devotos, que tienen la dicha ser aplastados bajo sus ruedas

[Véase: Jagernath.]

JAGAN-NIVÂSA
JAGAN-NIVÂSA: (Sánscrito). "Mansión del mundo". Epíteto de Vishnú-Krishna o de Shiva.

JAGANATH

JAGÂNATH : Palabra sáscrita que puede traducirse por "Señor del Mundo".

Es la forma bajo la que es adorado Visnú en diversas regiones de la India.

Su centro de culto principal se encuentra en Puri (Orissa).

JAGERNATH

JAGERNATH: (Carro de). Véase: Jagan-nâtha. -El dicho popular: "el que puede ver por un breve instante al enano (al Jagernath) montado en el carro, no tendrá más renacimientos", atrae el día de dicha fiesta a centenares de miles de devotos

El carro en cuestión es sólo una alegoría, que significa en realidad el cuerpo humano

El verdadero significado de aquel dicho, por consiguiente, es que aquel que puede ver o encontrar al Espíritu (Jagernath, o el "enano") entronizado en su cuerpo, no tendrá más renacimientos, puesto que entonces puede estar seguro de hallarse emancipado del pecado

Y asimismo, impedido por la grosera y fanática idea de que aquel que muere aplastado bajo las ruedas del carro de Jagernath está salvado, muchos hombres se arrojan debajo del carro sagrado

La causa de tantas vidas así perdidas es el haberse olvidado mucho tiempo ha de la clave de tan sagrada alegoría, cuya significación real es que mientras el Espíritu (Jagernath) va montado en el carro del cuerpo, si puede uno aplastar y destruir sy uo inferior o alma animal, asimilando así su Yo espiritual al Espíritu (o sea al séptimo Principio), está salvado

(Nobin K. Bannerji).

Aquellos que por espacio de dos siglos han atacado duramente la fiesta del Carro de Jagernath considerándola como una "diablería pagana" y una "abominación a los ojos del Señor", no habrían hecho mal en reflexionar un poco sobre la explicación anterior, añade Subba Bow a guisa de comentario.

JANÂRDANA

JANÂRDANA: (Janârddana) (Sánscrito). Literalmente, "adornado de la humanidad". Epíteto de Krishna

[Sobrenombre de Vishnú y de Krishna

Su significado es muy dudoso, y así se ha interpretado dicho término no en el sentido de "atormentador u hostigador de la gente", "perseguidor, destructor o terror de sus enemigos", "vencedor de hombres", "dispensador de bienes", "adorado por la humanidad", etc

La explicación más correcta, sin embargo, parece ser la de Zankarâchârya: "exterminador de los malvados", pues tiene en favor suyo el siguiente pasaje del Mahâbhârata (V. 2565): "Porque hizo temblar a los dasyus [seres malignos, enemigos de los dioses y hombres], es llamado Janârdana"

De un modo parecido interpreta Annie Besant dicho sobrenombre, diciendo que se aplica a Krishna como vencedor del mal en todas sus formas.]

JANYU

JANYU: (Sánscrito). Criatura, ser viviente, hombre, persona, animal. Sobrenombre de Brahmâ (como primer viviente) y de Agni o Fuego (como principio de la vida).

JARÂBHÎRU

JARÂBHÎRU: (Sánscrito). Epíteto de Kâma, dios del amor. Literalmente, "temeroso de la vejez".

JAYANTA

JAYANTA: (Sánscrito). Jaya, hijo de Indra; sobrenombre de Shiva y de Bhîma; la luna.

JAYANTÎ

JAYANTÎ: (Sánscrito). La hija de Indra. Sobrenombre de Durgâ.

JAYAS

JAYAS: (Sánscrito). Los doce grandes dioses que, según los Purânas, se abstuvieron de crear hombres, y por ello fueron condenados por Brahmâ a renacer "en cada manvantara racial hasta el séptimo"

Es otro aspecto o forma de los Egos que se reencarnan

[Jayas (plural castellanizado de Jaya) son unos versos, fórmulas o mantras qu acarrean la victoria.]

JICHNU

JICHNU: (Jishnu) (Sánscrito). [Literalmente: "victorioso".] Jefe de la Hueste celestial; título de Indra, que en la guerra de los Dioses con los Asuras fue caudillo de la "hueste de los Dioses"

Es el "Miguel, príncipe de los Arcángeles" de la India.

JÎMÛTÂ-VÂHANA

JÎMÛTÂ-VÂHANA: (Sánscrito). Literalemente: "que tiene por vehículo las nubes". Epíteto de Indra

El autor del Dâya Bhâga y otros personajes llevaron este nombre.

JÎVA-BHÛTA

JÎVA-BHÛTA: (Sánscrito). Viviente, vivo, vital; que es elemento o principio de vida; que anima los seres vivientes; convertido en espíritu individual

"Una eterna parte de mí mismo, convertida en Espíritu individual (jîvabhûta(s)) en el mundo de los vivientes, atrae al sentido interno y los otros cinco sentidos, que tienen su asiento en la naturaleza material"

(Bhagavad-Gîtâ, XV, 7).

JÎVÂTMÂ O JÎVÂTMAN

JÎVÂTMÂ O JÎVÂTMAN: (Sánscrito). La Unica vida universal, generalmente; pero significa asimismo el Espíritu divino en el hombre. [El Espíritu animador de vida; el Espíritu individual o humano, o sea el Espíritu individual encarnado en un ser viviente, el Espíritu individual en contraposición al Espíritu universal o Paramâtman.]

JÑÂNA-DEVAS

JÑÂNA-DEVAS: (Gñân-Devas) (Sánscrito). Literalmente: "los dioses de conocimiento o sabiduría"

Son las clases superiores de dioses o devas; los hijos "nacidos de la mente" de Brahmâ, y otros, incluyendo entre ellos los Mânasa-putras (los Hijos del Intelecto)

Esotéricamente son nuestros Egos que se reencarnan.

JYOTICHÂM-JYOTIS

JYOTICHÂM-JYOTIS: (Jyotishâm-Jyotih) (Sánscrito). La "luz de las luces", el Espíritu supremo, así llamado en los Upanishads.

JYOTIS

JYOTIS: (Sánscrito). Luz, esplendor, fuego; estrella, astro, lucero, luminar; el sol. Usado en número dual: el sol y la luna.

Jyotis es también uno de los tres sacrificios.

Véase: Ayus.

JYOTSNÂ

JYOTSNÂ: (Sánscrito). Aurora; uno de los [cuatro] cuerpos que tomó Brahmâ; el crepúsculo matutino. [Claridad o luz de la luna; noche de luna.]

K

KAILASA

KAILASA: Denominación del paraíso de Siva.

Es el lugar existente en el Himalaya donde el dios vive en compañía de Parvati.

Allí esperan renacer los seguidores de esta divinidad y los doradores del lingam.

KAKCHÎVAT

KAKCHÎVAT: (Sánscrito). Sabio védico, hijo de Dîrghatamas, y autor de varios himnos del Rigveda, especialmente de los relacionados con el culto de los gemelos Azvins.

KÂKI O KÂKIN

KÂKI O KÂKIN: (Sánscrito). La Mónada, el Ser individual o Jîva. "La palabra Kâkim está compuesta de Ka + ak + in

La primera sílaba, Ka, denota "placer"; la segunda, ak, significa "dolor", y la tercera, in, "posesor"

Así, pues, aquel que experimenta placer y dolor -el Ser individual (Jîva), es denominado Kâkin". (Uttara-Gîtâ, I, 7).

KÂLAHANSA O KÂLAHAMSA

KÂLAHANSA O KÂLAHAMSA: (Sánscrito). Nombre místico dado a Brahma (o Parabrahman); significa "el cisne en y fuera del tiempo"

Brahmâ (masculino) es denominado Hansa-vâhana, o vehículo del "Cisne"

[La "Gran Ave"; "Dulce es el reposo entre las alas de Aquello que no ha nacido ni muere, antes bien es el AUM a través de las eternidades"

(Voz del Silencio, I)

Véase: Hamsa.]

KÂLAÑJARA

KÂLAÑJARA: (Sánscrito). Sobrenombre de Shiva. Asamblea de religiosos mendicantes.

KÂLARÂTRI

KÂLARÂTRI: (Sánscrito). "Noche negra".

La séptima noche del séptimo mes del septuagésimo séptimo año de edad de una persona; desde esta noche en adelante, que se supone ser el término ordinario de la vida, está uno exento de toda obligación respecto al culto.

KÂLASÛTRA

KÂLASÛTRA: (Sánscrito). El segundo infierno ardiente; en él se hallan en doloroso exceso las cualidades del Vâyu-Tattva (Râma Prasâd).

KÂLÂTITA

(Sánscrito). "Que está por encima o fuera del tiempo". Brahma.

KÂLÂTÎTA-TÂ

(Sánscrito). La cualidad de estar fuera del tiempo.

KALEVARA

KALEVARA: (Sánscrito). El cuerpo: el cuerpo muerto o cadáver.

KALI

KALI: Nombre de la diosa consorte de Siva, es la "negra", que está representada como la sakti o poder creador de Dios, aunque al ser también diosa del tiempo simboliza la destrucción del mundo.

Suele aparecer con un collar lleno de calaveras alrededor de su cuello, mientras que su falda está formada por brazos cortados.

Durante el festival de Durgapuja se le sacrifican cabras decapitadas.

Están dedicados a ella los ritos de la fecundidad.

Era adorada con excesivo fervor por parte de la secta de los thugs o estranguladores.

Ver Thugs.

KÂLÎCHÎ

KÂLÎCHÎ: (Sánscrito). El tribunal de Yama, dios de los muertos.

KALIGUYA

KALIGUYA: Cuarta edad del actual eón, según la cosmología hinduista tradicional.

Es la última fase de un proceso de decadencia que afecta a la religión y a la sociedad, y que finalizará en un caos social.

KÂLIKÂ-PURÂNA

KÂLIKÂ-PURÂNA: (Sánscrito). Uno de los diez y ocho Purânas. Tiene por objeto encarecer el culto de la esposa de Shiva en una u otra de sus múltiples formas.

KALIKÂ-PÛRVA

KALIKÂ-PÛRVA: (Sánscrito). Actos que engendran nuevo Karma, o Karma no relacionado con una vida anterior. (P. Hoult).

KÂLIYA

KÂLIYA: (Kaliya) (Sánscrito). La serpiente de cinco cabezas, a la cual dio muerte Krishna en su niñez [arrojándose de un salto en una profunda rebalsa del río Yamuna.] Monstruo mítico que simboliza las pasiones humanas; el río o el agua es un símbolo de la materia.

KALKÎ O KALKIN

KALKÎ O KALKIN: (Sánscrito). "El Caballo blanco". Sobrenombre de Vishnú en su décimo o último avatâra. Véase: Kalkî-avatâra.

KALKI-AVATÂRA

KALKI-AVATÂRA: (Sánscrito). El "Avatâra del Caballo Blanco", que será la última encarnación manvantárica de Vishnú, según los brahmines; de Maitreya Buddha, según los budistas del norte; de Sosiosch, el último héroe y salvador de los zoroastrianos, como pretenden los parsis; y del "Fiel y Verdadero" sentado en el Caballo blanco (Apocalipsis, XIX, 11)

En su futura epifanía (manifestación) o décimo avatar, se abrirán los cielos y aparecerá Vishnú, "sentado en un corcel blanco como la leche, con una espada desnuda, resplandeciente como un cometa, para el exterminio definitivo de los malvados, el renuevo de la "creación" y el restablecimiento de la pureza"

(Compárese con el Apocalipsis)

Esto acontecerá al fin del Kaliyuga, de aquí a 427.000 años

El último fin de cada yuga es denominado "la destrucción del mundo", porque entonces cambia la tierra cada vez su forma exterior, sumergiéndose una serie de continentes, y surgiendo otra serie de ellos.

KÂMA-DEVA

KÂMA-DEVA: (Sánscrito). Según las ideas populares, es el dios del amor; un Vizvadeva, en el panteón indo. Como el Eros de Hesíodo, degradado hasta el nivel de Cupido por la ley exotérica, y más degradado aun por el sentido popular que posteriormente se atribuyó a dicho término; así es Kâma un punto sumamente misterioso y metafísico

La más primitiva descripción védica de Kâma sólo da la nota fundamental de lo que simboliza. Kâma es el primer deseo universal consciente de bien y amor en general, y para todo cuanto vive y siente, requiere protección y benevolencia; el primer sentimiento de infinita y tierna compasión y piedad que nació en la conciencia de la creadora FUERZA UNICA, luego que vino a la vida y ser como un rayo de lo ABSOLUTO

Dice el Rig-Veda: "El deseo apareció primero en ELLO, que fue el primitivo germen de la mente, y que los Sabios, investigando con su intelecto, han descubierto en su propio corazón ser el lazo que une la Entidad con la no-Entidad", o sea el Manas con el puro Âtmâ-Buddhi

No hay idea alguna de amor sexual en el concepto

Kâma es por excelencia el divino deseo de crear felicidad y amor; y sólo siglos después, a medida que la humanidad empezó a materializar, por medio de la antropomorfización, sus más grandes ideales en escuetos y áridos dogmas, Kâma vino a convertirse en la potencia que satisface el deseo en el plano animal

Esto se halla demostrado por lo que dicen todos los Vedas y algunos Brâhmanas

En el Atharva-Veda, Kâma está representado como el Creador y la Divinidad suprema

En el Taittirîya Brâhmana, es el hijo que Dharma, dios de la Ley, de la Justicia, tuvo de Zraddhâ, diosa de la Fe

En otro relato, surge del corazón de Brahmâ. Otros le presentan nacido del agua, esto es, del caos primordial, o "Abismo"

De ahí uno de sus muchos nombres, Irâ-ja, "nacido del agua", y A-ja, "innato", y Âtma-bhû, o "Existente por sí mismo". Por razón de llevar en su bandera el signo de Makara (Capricornio), se le llama también "Makara-ketu"

La alegoría acerca de Shiva, el "Gran Yoguî", que redujo a cenizas a Kâma con el fuego de su Ojo central (o tercero), por haber inspirado al Mahâdeva (epíteto de Shiva) amorosos deseos de su esposa mientras él se hallaba entregado a sus devociones, es muy sugestiva, y se dice que por tal medio redujo a Kâma a su primitiva forma espiritual [o incorpórea, Ananga, que es otro de los epítetos de Kâma.] -Véase: Ananga, Kâma y Kandarpa.

KÂMA-DHARANA
KÂMA-DHARANA: (Sánscrito). Lo que alimenta el deseo. La satisfacción o cumplimiento del deseo. (P. Hoult).

KÂMA-DHENU

KÂMA-DHENU: (Sánscrito). La vaca que satisface los deseos. Es designada también con el nombre de Kâma-duh. (Véase esta palabra).

KAMALÂSANA

KAMALÂSANA: (Sánscrito). Que está sentado sobre el loto: Brahmâ.

KÂMÂVASÂYIN

KÂMÂVASÂYIN: (Sánscrito). Que pone fin a todos los deseos. Epíteto de Shiva.

KANDU

KANDU: (Sánscrito). Santo sabio de la segunda Raza-madre, un yoguî, a quien Pramlochâ, una "ninfa" enviada por Indra para este objeto, sedujo y con quien vivió por espacio de varias centurias

Por fin, el sabio, volviendo sobre sí, la repudió y se la quitó de delante

Después de esto, dio ella a luz una hija, Mârichâ

Este relato es una fábula alegórica de los Purânas.

KANICHTHAS

KANICHTHAS: (Kanishthas) (Sánscrito). Una clase de dioses que se manifestarán en el décimocuarto o último manvantara de nuestro mundo, según los indos.

KARATALA

KARATALA: (Sánscrito). De kara, mano, y tala, estado o lugar. El estado en que la materia se hace tangible

Corresponde al tacto (sparza) y a las Jerarquías de etéreos, semiobjetivos Dhyân Chohâns de la materia astral del Mânasa manas, o puro rayo del Manas, que es el Manas inferior antes de mezclarse con el Kâma

Se les designa con el nombre de Sparza-devas, o devas dotados de tacto

(Doctrina Secreta, III, 565-566).

KARMA MARGA

KÂRMA MARGA: Uno de las tres formas que posee el hinduismo para escapar a la cadena de las existencias.

KARMA-BANDHANA

KARMA-BANDHANA: (Sánscrito). Lazo con que el Karma liga a la vida terrestre.

Como adjetivo, significa: ligado o encadenado por las obras.

Karma colectivo

KARMA-PHALA

(Sánscrito). El fruto kármico, fruto de la acción.

KARMA-SANNYÂSIKA

(Sánscrito). Asceta que ha renunciado a las obras y reprime sus órganos de acción para consagrarse a la meditación espiritual.

KARMA-SIDDHI

(Sánscrito). Cumplimiento de la obra; buen éxito de la obra emprendida.KARMA-VAZA

(Sánscrito). Poder o influencia de los actos de una vida anterior.

KARMA-VIDHI

(Sánscrito). Regla de acción, práctica, observancia.

KARMÂRAMBHAKA

(Sánscrito). El Karma que en su curso produce otros Karmas. (P. Hoult).

KARNEIOS

KARNEIOS: (Griego). El "Apolo Karneios" es evidentemente un avatar del "Krishna karna" indo

Ambos eran dioses-sol; Karna significa "radiante" y Karneios, que era un epíteto de Apolo entre los celtas y los griegos, significa "nacido del sol"

(Doctrina Secreta, II, 47 de la última edic. ingl.).

KÂRTTIKEYA O KÂRTTIKA

KÂRTTIKEYA O KÂRTTIKA: (Kartika) (Sánscrito). El dios de la guerra indo, hijo de Shiva, nacido de la simiente de éste caída en el Ganges

Es también la personificación del poder del Logos

El planeta Marte

Kârttika es un personaje muy misterioso, criado por las Pléyades, y uno de los Kumâras

[Kârttikeya es uno de los Kumâras y jefe, a la vez, de éstos y de los Rudras

Estas divinidades eran, como los Cabires, la personificación de los Fuegos sagrados de los más ocultos Poderes de la Naturaleza

Kârttikeya, llamado por otro nombre Skanda, es el caudillo de las huestes celestiales, o mejor dicho, de los Siddhas

Es el prototipo de Miguel y de San Jorge; nació con el objeto de matar a Târaka, el Demonio demasiado santo y sabio, cuyas grandes austeridades le hicieron temible a los dioses

Su nacimiento es prodigioso, puesto que este dios fue engendrado sin padre ni madre

La simiente de Shiva fue echada en el Fuego (Agni) y recibida luego en el seno del Agua (Ganges), naciendo así del Fuego y del Agua

Las Pléyades (Krittikâs) se encargaron de criarlo, y de ahí deriva su nombre de Kârttikeya

(Doctrina Secreta, II, passim).]

KAUMÂRA

KAUMÂRA: (Sánscrito). [Adjetivo derivado de Kumâra] -La "creación de los Kumâras", jóvenes vírgenes nacidos del cuerpo de Brahmâ

[Véase: Kumâras y Creación kaumâra.]

KAURAVYA

KAURAVYA: (Sánscrito). Rey de los Nâgas (Serpiente) en el Pâtâla, exotéricamente un infierno. Pero esotéricamente significa una cosa muy distinta

Hay una tribu de los Nâgas en la India superior; Nagal es el nombre que hoy día se da en México a los principales exorcistas o hechiceros, y era el de los principales adeptos en los albores de la historia; y por último, Patal significa antípodas y es un nombre de América

De ahí que el mito de que Arjuna hizo un viaje a Pâtâla y se reposó con Ulûpî, hija del rey Kauravya, puede ser un hecho tan histórico como muchos otros que, considerados al principio como fabulosos, se vio más tarde que eran verdaderos

[Véase: Pâtâla.]

KÂYA

(Sánscrito). El cuerpo, organismo; colección, masa.

KÂYA-STHA

(Sánscrito). "Que reside en el cuerpo": el Espíritu.

KCHÂNTI

KCHÂNTI: (Kshanti) (Sánscrito). Paciencia [indulgencia. "La dulce paciencia que nada puede alterar" es una de las llaves de oro de que se habla en la Voz del Silencio, III

Una de las seis "perfecciones" o pâramitâs. (Véase esta palabra).]

KCHÎRA-SAMUDRA

KCHÎRA-SAMUDRA: (Kshira-) (Sánscrito). El océano de leche, que batieron los dioses [para extraer el amrita].

KCHITI

KCHITI: (Sánscrito). Destrucción, decaimiento, fin, desaparición; habitación; la tierra; el dios de la tierra.

KIRITIN

KIRITIN: (Sánscrito). "Que lleva tiara o diadema". Epíteto de Krishna y otros personajes.

KOZA

KOZA: (Kosha) (Sánscrito). Envoltura, cascarón, huevo, vaso, caja, recipiente, etc

En la clasificación vedantina de los Principios humanos, o sea la quinaria, relacionada con los cinco Tattvas o formas vibratorias del Eter, se admiten cinco Kozas o envolturas, que por orden ascendente son:

    1) Annamaya-koza (correspondiente al cuerpo físico);

    2) Prânamaya-koza (correspondiente al Prâna y al Linga-zarîra);

    3) Manomaya-koza (correspondiente al Kâma-rûpa);

    4) Vijñânamaya-koza (correspondiente al Manas), y

    5) Ânandamaya-koza (correspondiente al Buddhi).

En esta clasificación, el Âtmâ no se considera como Principio, puesto que es universal

Véase: Kocha.

KRAMA

(Sánscrito). Marcha, progreso, sucesión; orden, método; procedimiento; conducta, regla de vida.

KRAMA-MUKTI

(Sánscrito). El logro de la liberación final o Nirvâna por grados, esto es, por repetidos renacimientos u otros medios

(P. Hoult)

KRAMÂYÂTA

(Sánscrito). Que procede siguiendo un orden regular.

KRATU

(Sánscrito). Fuerza, poder; acto, obra; sacrificio, ofrenda. Es también el nombre de uno de los Prajâpatis.

KRATU-DVICHAS

(-dwichas) (Sánscrito). Enemigos de los sacrificios: los daityas, dâna-vas, kinnaras, etc., etc., todos ellos representados como grandes ascetas y yoguîs

Esto indica a quienes se quiere realmente expresar

Eran los enemigos del ritualismo y de las mojigangas religiosas.

KRATU-PURUSHA

(Sánscrito). El Espíritu divino que está presente en el sacrificio.

KRICHNÂ

KRICHNÂ: (Sánscrito). Nombre personal de Draupadî, hija del rey Drupada y esposa común de los cinco príncipes pândavas

Este nombre es debido al color negro o atezado (Krishna) de su tez

Véase: Draupadî.

KRISHNA

KRISHNA: Es la encarnación más importante de Visnú, la octava.

Nació de una familia de kstriyas y aunque su primo ordenó su muerte, se salvó milagrosamente.

Su historia, la de sus aventuras y matrimonios, ocupa una buena parte del Mahabharata.

La leyenda de Krishna (el negro) como un monarca ideal le hace ser considerado guía espiritual, como se señala en el Bhagavadgita, donde sus relaciones pastoriles son interpretadas como una alegoría de las relaciones entre Dios y las almas.

Por ello no es de extrañar que en el vaisnavismo se le llegue a dar el trato de encarnación y manifestación definitiva de Dios, llegando incluso a desplazar a Visnú como objeto central de fe.

"Donde está Krisna, Señor del Yoga, donde está el hijo de Prtha, porta-dor del arco, allí están fortuna, victoria, prosperidad y justicia eternas, Esta es mi creencia". (Bhagavadgita, canto 18).

KUMÂRA-LOKA

KUMÂRA-LOKA: (Sánscrito). El loka (mundo o región) de los Kumâras. (P. Hoult).

KUMARAS

KUMARAS: Los siete seres autoconscientes más elevados del sistema solar.

Los siete kumaras se manifiestan por medio de un sistema planetario, así como un ser humano se manifiesta por medio de su cuerpo físico.

Los hindúes los llaman "los hijos de Brahma nacidos de la mente" entre otros nombres.

Son la suma total de la inteligencia y la sabiduría.

En el esquema planetario puede verse el reflejo del orden del sistema.

A la cabeza de la evolución de nuestro mundo se halla el primer Kumara, asistido por otros seis, tres exotéricos y tres esotéricos, puntos focales para la distribución de la fuerza de los Kumaras del sistema.

El Consejo de Seres que asisten a Sanat Kumara (Logos Planetario).

KUMBHAKARNA

KUMBHAKARNA: (Sánscrito). Hermano del rey Râvana de Lankâ, raptor de Sîtâ, esposa de Râma. Según se refiere en el Râmâyana, Kumbhakarna, bajo el peso de una maldición de Brahmâ, durmió durante seis meses y luego permaneció despierto solo un día, para caer dormido otra vez, y así sucesivamente por espacio de muchos centenares de años

Fue despertado para tomar parte en la guerra entablada entre Râma y Râvana; hizo prisionero a Hanuman [aliado de Râma], pero al fin fue derrotado y Râma le cortó la cabeza.

KUNTÎ

KUNTÎ: (Sánscrito). Esposa de Pându y madre de los pândavas, heroicos adversarios de sus primos los Kuravas, en el Bhagavad-Gîtâ. Es una alegoría del Buddhi o Alma espiritual

(Véase: Draupadi)

[Kuntî, llamada también Prithâ, era hija del rey Sûra y hermana de Vasudeva

Primera esposa de Pându, dio a luz a los tres primeros príncipes pândavas, Yudhichthira, Bhima y Arjuna, que, a pesar del nombre que llevaban de su padre putativo (pândava es un nombre patronímico derivado de Pându), fueron engendrados místicamente por los dioses Dharma, Vâyu e Indra, respectivamente

De su madre recibió Arjuna los nombres de Kaunteya ("hijo de Prithâ")

Los dos restantes príncipes pândavas, llamados, respectivamente, Nakula y Sahadeva, eran hijos de Mâdrî, la otra esposa de Pându.]

KUNTIBHOJA

KUNTIBHOJA: (Sánscrito). Literalmente, "Sustentador de Kuntî". -Rey de los Kuntis. Amigo del padre de Kuntî, adoptó a ésta como hija, la crió y educó y por fin la dio en matrimonio a Pându

Era aliado de los pândavas

(Véase: Bhagavad-Gîtâ, I, 5).

KÛRMA-AVATÂRA

KÛRMA-AVATÂRA: (Sánscrito). La encarnación de Vishnú en forma de tortuga, segundo avatâra de este dios

En la primera edad del mundo, el Satya-yuga, apareció Vishnú en forma de tortuga, para recobrar algunos valiosos objetos que se perdieron en el diluvio, a cuyo objeto se situó en el fondo del mar de leche, formando con su dorso la base del monte Mandara.

KURUKCHETRA

KURUKCHETRA: (Sánscrito). "Campo o llanura de Kuru"; designado también con el nombre de Dharma Kchetra (Véase esta palabra)

La famosa llanura en donde se libró la encarnizada batalla entre kurus y pândavas, según se describe en el Mahâbhârata (capítulo I del Bhagavad-Gîtâ)

Esta llanura dista pocas millas del Delhi, y en la actualidad se la conoce con el nombre de Sirhind.

KÛTA

KÛTA: (Sánscrito). Cumbre, cima, punta; la esencia o substancia universal; la substancia suprema y única contenida en todas las cosas

Significa también: ilusión, engaño, fraude, falsedad, trampa, celada.

KÛTASTHA-CHAITANYA

KÛTASTHA-CHAITANYA: (Sánscrito). De Kûtastha (eterno, excelso, inmutable, etc.) y chaitanya (alma, conciencia, etc.). Dice el Uttara-Gîtâ (I, 6): " Aquello que permanece como simple testigo pasivo entre el

Hamsa y el no-Hamsa, esto es el Paramâtma y la parte moral del ser humano, es el Espíritu imperecedero (Akchara Purusha) en forma de Kûtastha-Chaitanya"

Esta última doble expresión -según el comentador K. Laheri- equivale a Âtma-Buddhi; o sea la unión de los dos principios más elevados de la constitución humana.

KUZA

KUZA: (Kusa o Kusha) (Sánscrito). Hierba sagrada usada por los ascetas de la India, y llamada "hierba de feliz augurio"

Tiene una significación y unas propiedades muy ocultas

[Kuza significa hierba, y especialmente la hierba sagrada, Poa cynosuroides, de virtudes purificantes y empleada con mucha frecuencia en las ceremonias religiosas de la India

(Véase: Bhagavad-Gîtâ, VI, 11)

Kuza es también el nombre de uno de los dvîpas (o divisiones de la tierra habitada)

(Véase: Kuzadvîpa).

KUZALA

KUZALA: (Kusala) (Sánscrito). Mérito, uno de los dos principales constituyentes del Karma. [Kuzala significa además: agradable, bueno, sano, conveniente, virtuoso, feliz, inteligente, experto, hábil.]

KUZIKA

KUZIKA: (Sánscrito). Nombre de los antiguos richis védicos descendientes de Kuza. Los más renombrados son: Vizvâmitra y Parazurâma.

L

LAKSHIMI

LAKSHIMI: Para los hindúes es la diosa de la fortuna, esposa de Vishnú y madre de Kama.

En el Ramayana se afirma que surgió del océano de leche y que su belleza era tal que los dioses y los demonios lucharon por ella.

Se la suele representar con un loto en la mano.

También se la llama Sri.

LALITA

LALITA: (Sánscrito). Belleza, encanto; juego, diversión. (Adjetivo): agradable, divertido, encantador; sencillo, ingenuo.

LAPIS PHILOSOPHORUM

LAPIS PHILOSOPHORUM: (Latin). "Piedra de los filósofos". Véase: Piedra filosofal.

LINGA O LINGAM

LINGA O LINGAM: (Sánscrito). Un signo o símbolo de creación abstracta. La Fuerza se convierte en el órgano de la procreación [masculino] sólo en esta tierra

En la India hay doce grandes Lingams de Shiva, algunos de los cuales se hallan en montañas y rocas y también en templos

Tal es el Kedareza en el Himalaya, una ingente e informe masa de roca

En su origen, el Lingam no tuvo nunca la grosera significación relacionada con el falo, idea que es completamente de una fecha posterior

Este símbolo tiene en la India el mismo significado que tenía en Egipto, que es simplemente que la Fuerza creatiz o procreadora es divina

Designa también que era el Creador -masculino y femenino

Shiva y su Zakti [su esposa o aspecto femenino]

La grosera e impúdica idea relacionada con el falo no es inda, sino griega, y sobre todo judía

Los Bethels bíblicos eran verdaderas piedras priápicas, el "Beth-el" (falo) donde Dios reside

El mismo símbolo estaba encubierto en el Arca de la Alianza, el "Santo de los Santos"

Así es que el Lingam, hasta entonces considerado como un falo, no es "un símbolo de Shiva" únicamente, sino el de todo "Creador" o dios creador en cada nación, incluso los israelitas y su "Dios de Abraham y Jacob"

[La voz linga, además de falo o miembro viril, significa: marcha, señal, sello, signo característico o distintivo, atributo, emblema, evidencia, prueba, etc

-Véase: Linga-deha o Linga-zarîra.]

LINGA-DEHA

LINGA-DEHA: (Sánscrito). Llamado también linga y linga-zarîra. Significa literalmente "cuerpo caracterizante". Según enseña la filosofía sânkhya, el buddhi, el ahânkara, el manas y los diez indriyas, agrupados y unidos por medio de los cinco elementos sutiles o Tanmâtras, forman el llamado "cuerpo sutil o interno", el cual, sobreviviendo al cuerpo físico, perecedero, acompaña al Purusha (Espíritu individual) en sus transmigraciones sucesivas a otros cuerpos, hasta que el Purusha se ha librado por completo de toda conexión con la materia

El linga-deha es lo que constituye la naturaleza, carácter o disposición particular de cada individuo, y forma la individualidad persistente a través de las numerosas existencias por que pasa el alma en su dilatada peregrinación; por medio de él entra el Espíritu en relación con el mundo exterior

No se confunda este "cuerpo sutil" con el linga-zarîra (o doble astral) de la literatura teosófica.

LINGA-PURÂNA

LINGA-PURÂNA: (Sánscrito). Una Escritura de los zaivas, Shivaitas o adoradores de Shiva. En ella, Mahezvara, "el gran Señor", oculto en el Agni-linga, explica la ética de la vida: deber, virtud, sacrificio de sí mismo, y finalmente la liberación por medio de la vida ascética al fin del Agni-kalpa (la séptima Ronda)

Como hace justamente observar el profesor Wilson, "el espíritu del culto (fálico) se halla tan poco influído por el carácter del símbolo como se pueda imaginar

Nada hay en él que se parezca a las orgías fálicas de la antigüedad; todo él es misterio y espiritualidad".

LINGA-ZARÎRA

LINGA-ZARÎRA: (Sánscrito). El "cuerpo", esto es, el símbolo aéreo del cuerpo. Este término designa el doppelgänger o "cuerpo astral" del hombre o del animal

Es el eidolon de los griegos, el cuerpo vital y prototípico; la reflexión [o duplicado etéreo] del hombre de carne

Nace antes y muere o se desvanece con la desaparición del último átomo del cuerpo

[En lenguaje teosófico, el linga-zarîra es el tercer principio de la constitución humana, conocido igualmente con los nombres de "doble etéreo", "cuerpo fantasma", "doble astral", etc., y forma parte del cuaternario inferior

Este cuerpo, que tiene la misma forma que el cuerpo físico, es un vehículo y acumulador de vida (prâna), cuya corriente dirige y distribuye con regularidad según las necesidades del organismo

Este "principio" está simbolizado por el pomo de cristal de que se sirvió Prometeo para guardar algunos rayos de sol con que animó la estatua de barro que había fabricado

Es también el factor que perpetúa los tipos orgánicos del hombre y los demás seres vivientes, determinando sus límites y estructura, dibuja o moldea sus formas orgánicas, así como los caracteres típicos de la especie y de la raza y aun ciertos rasgos de familia; en una palabra, es el nisus formativus, el agente que preside la evolución de las formas orgánicas

Es también el linga-zarîra el principal factor de donde se originan nuestras enfermedades y que, provocando reacciones, crisis y otras operaciones saludables, se convierte en fuerza medicatriz cuando nuestro organismo sufre alguna dolencia

En este cuerpo etéreo está el secreto de los admirables efectos de la medicina homeopática y de las dosis infinitesimales de los remedios

Por último, el linga-zarîra desempeña un importante papel en las sesiones espiritistas, y puede en ciertos casos hacerse perceptible a nuestra vida e impresionar la placa fotográfica

No se confunda con el linga-zarîra de la filosofía sânkhya

-Véase: Linga-deha, Cuerpo astral, etc.

LINGAITA

LINGAITA: Secta de carácter brahmánico que adora a Siva exclusivamente bajo la forma de lingam o linga, es decir en forma de falo.

Símbolo de la potencia creadora y generadora de Siva.

En los templos suele adoptar una forma da pequeño cilindro de piedra con el extremo superior redondeado.

Sus adeptos llevan consigo un lingam pendiente del cuello o en una bolsita especial.

Rechazan el culto a las imágenes, el sistema de castas y los servicios sacerdotales.

LINGAYAT

LINGAYAT: Movimiento saivista del sur de la India que aparece en el siglo XII por obra de un maestro de nombre Basava, que defendía una oposición total a las prácticas de los sacrificios, la incineración y las plegarias por los difuntos, así como la prohibición tradicional de que las viudas contrajeran nuevas nupcias.

Posee una cierta similitud de ideas con la Saiva Siddhanya, aunque no admite el dualismo.

Por la fuerza de su propio poder Siva crea de su misma sustancia el mundo y las almas.

En cuanto al culto, los adeptos deben realizar un honrado trabajo en el mundo, ayudar a los pastores itinerantes que predican la fe y la equidad con el prójimo, compartir su mesa con los otros y mantener siempre en gran estima la humildad.

LOKA-PÂLAS

LOKA-PÂLAS: (Sánscrito). Los defensores, regentes y guardianes del mundo [en nuestro Cosmos visible]

Las divinidades (dioses planetarios) que presiden los ocho puntos cardinales, y entre las que figuran los cuatro Maharâjas

[" Soma, Agni, Sûrya, Anila, Indra, Kuvera, Varuna y Yama son los ocho [principales] guardiantes del mundo"

(Leyes de Manú, V, 96)

A Soma corresponde el NE; a Agni, el SE; a Sûrya, el SO; a Anila o Vâyu, el NO; a Indra, el E; a Kuvera, el N; a Varuna, el O; y a Yama, el S

Cada una de estas divinidades tiene un elefante que forma parte en la defensa y protección de su punto respectivo, y estos ocho elefantes se designan igualmente con el nombre de Lokapâlas.]

LOKA-TATTVA

LOKA-TATTVA: (Sánscrito). Verdadero conocimiento del hombre (microcosmo). -(P. Hoult).

LOKAYATAS

LOKAYATAS: Secta hinduista materialista que sostiene que la materia es la única realidad y que el espíritu es sólo una función del cuerpo.

Al morir, el alma vuelve a la nada de la que surgió.

La felicidad es el bien supremo y el hombre feliz es el que mejor goza de los sentidos.

Rechazan todos los principios básicos del hinduismo.

M

MÂDHYANDINA

MÂDHYANDINA: (Sánscrito). Una escuela védica que es una subdivisión de la escuela Vâjasaneyî, relacionada con el Zatapatha Brâhmana.

MAGHAVAT O MAGHAVÂN

MAGHAVAT O MAGHAVÂN: (Sánscrito). Epíteto de Indra. Como adjetivo: instituto o patrón de un sacrificio; liberal, generoso.

MAHÂ-DEVA

MAHÂ-DEVA: (Sánscrito). Literalmente: "Gran Dios"; epíteto de Shiva. [En el Yajurveda Blanco se aplica este calificativo al dios Rudra.

En plural, los Mahâdevas o Chaturdevas se han hecho sinónimos de los cuatro Mahârajas.

(Véase: Annie Besant, Sabiduría Ant., 350.]

MAHÂ-PRALAYA

MAHÂ-PRALAYA: (Sánscrito). Lo opuesto al Mahâ-manvantara. Literalmente: "Gran Disolución", la "Noche" que sigue al "Día de Brahmâ".

Es el gran reposo y sueño de toda la Naturaleza después de un período de activa manifestación.

Los cristianos ortodoxos dirían que es la "Destrucción del Mundo".

MAHÂ-PURÂNAS

MAHÂ-PURÂNAS: (Sánscrito). "Los Grandes Purânas: el Vishnú -y el Bhâgavata-Purâna.

MAHÂ-PURUSHA

MAHÂ-PURUSHA: (-Purusha) (Sánscrito). Grande o supremo Espíritu.

Epíteto de Vishnú.

[Esta palabra equivale también a Paramâtman.]

MAHÂBHÛTAS

MAHÂBHÛTAS: [o más propiamente, mahâbhûtâni, plural de mahâbhûta.] -Los groseros principios elementarios de la materia.

[Los cinco grandes elementos, o elementos compuestos de la filosofía

Sânkhya: éter, aire, fuego, agua y tierra, que combinándose entre sí, forman el mundo material.

Estos elementos, productos del Prakriti (materia), corresponden a los cinco sentidos por el orden expresado, esto es: el éter, al oído; el aire, al tacto; el fuego, a la vista; el agua, al gusto; y la tierra, al olfato.

Así, leemos en el Bhagavad-Gîtâ: "Yo soy sabor en las aguas", sonido en el éter", fragancia en la tierra", esplendor en el fuego" (VII, 8, 9).

Hay que advertir, sin embargo, que cada uno de estos elementos afecta no sólo al sentido correspondiente, sino que además, por razón de ser compuesto, afecta igualmente, si bien en un grado menor, a los demás sentidos.

-Véase: Tanmâtras o Elementos sutiles.]

MAHÂKÂLA
MAHÂKÂLA: (Sánscrito). "Gran tiempo". Título de Shiva como "Destructor", y de Vishnú como "Conservador".

[El infierno en que las cualidades de Prithivi Tattva se hallan en doloroso exceso.

(Râma Prasâd).]

MAHÂKALPA
MAHÂKALPA: (Sánscrito). "Gran Edad" [o "Gran Ciclo". Una Edad de Brahmâ, equivalente a 100 años de Brahmâ, o sea la enorme cifra de 311.040.000.000.000 de años solares, según el cómputo brahmánico del tiempo.]

MAHÂMANVANTARA
(Sánscrito). Literalmente: "el gran intervalo de tiempo entre dos Manús". El período de actividad universal.

Manvantara implica simplemente un período de actividad, en contraposición al Pralaya, o período de reposo, sin referencia alguna a la longitud del ciclo de tiempo.

MAHAMANVANTARA
Los grandes intervalos de tiempo entre dos sistemas solares.

Este término se aplica frecuentemente a los grandes ciclos solares.

Implica un período de actividad universal.

MAHÂPATHA

MAHÂPATHA: (Sánscrito). "Gran vía"; el gran camino de los seres vivientes; la muerte.

MAHAR-LOKA

MAHAR-LOKA: (mahâ-loka) (Sánscrito). Una región donde moran los Munis o "santos" durante el pralaya, según declaran los Purânas.

Es la residencia ordinaria de Bhrigu, uno de los Prajâpatis (Progenitores) y uno de los siete Richis que, según se dice, son coexistentes con Brahmâ.

Véase: Loka.

MAHÂRATHA

MAHÂRATHA: (Sánscrito). "Que tiene un gran carro". Calificativo de los grandes héroes, jefes o caudillos de ejército.

MAHARCHI

MAHARCHI: (Mahâ-richi) (Sánscrito). Gran Richi. En plural: los grandes Richis o Prajâpatis. (Véase: Richi.).

MAHASAMADHI

MAHASAMADHI: Para el hinduismo es el estado supremo de comunión con lo divino.

Etapa que una vez alcanzada por el ser hace que éste ya no retorne al ciclo de las existencias terrenales.

MAHÂYUGA

MAHÂYUGA: (Sánscrito). Literalmente, "gran edad". Es el agregado de cuatro yugas o edades, que consta de 4.320.000 años solares, o sea la milésima parte de un "Día de Brahmâ", según el cómputo brahmánico

[Véase: Yuga.]

MAHEZA

MAHEZA: (Mahesha) (Sánscrito). "Gran Señor" (Mahâ-îza). Epíteto de Shiva. Sinónimo de Mahezvara.

MAHEZVARA

MAHEZVARA: (Mahâ-îzvara) (Sánscrito). "Gran Dios o Señor". Uno de los título de Shiva.

MAITHUNA

MAITHUNA: Término hindú que designa la unión sexual llevada a cabo como ceremonia religiosa, empleada entre los sivaítas.

MAKARA-KETU

MAKARA-KETU: (Sánscrito). [Literalmente: "que tiene por emblema o bandera el makara".] Sobrenombre de Kâma, el dios indo del amor y deseo

[Véase: Kâma-deva.]

MANOMANI

MANOMANI: (Sánscrito). "En el ojo izquierdo y relacionado con la dirección ichânya [deseo, impulso], está el Shiva loka [región de Shiva], conocido con el nombre de Manomani

(Uttara-Gîtâ, II, 24).

MANOMAYA-KOZA

MANOMAYA-KOZA: (-kosha) (Sánscrito). Témino vedantino que significa envoltura (Koza) del Manomaya, un equivalente de los "principios" cuarto y quinto del hombre

En filosofía esotérica este Koza corresponde al Manas dual

[Es la tercera envoltura de la Mónada divina, el principio mental; la mente individualizada, que es, por decirlo así, una cáscara o cubierta para que en ella se manifieste la energía espiritual, de la manera particular como encontramos la mente operando

(Râma Prasâd)

Es el alma animal juntamente con las porciones inferiores del principio intelectual, o sea la envoltura del Yo compuesta de la mente inferior y del principio o asiento de las emociones y pasiones, la unión del cuerpo mental y el cuerpo pasional (alma animal, o cuerpo astral, como otros lo denominan).]

MANTRA-ZÂSTRA

MANTRA-ZÂSTRA: (Mantra shâstra) (Sánscrito). Escritos brahmánicos acerca de la ciencia oculta o encantamientos.

MANUCHYA-LOKA

MANUCHYA-LOKA: (Sánscrito). El mundo de los mortales o humano. Comprende todas las esferas materiales de existencia, cielo (svarga) inclusive.

MARGA

MARGA: Término sánscrito que significa "camino" y que se refiere a los tres senderos tradicionales que distingue el hinduismo y que conforman tres estilos de vida: karmamarga o camino de las obras rituales y éticas; el jnanamarga o camino del conocimiento, la gnosis de la realidad última a través de la filosofía y la contemplación; y el bhaktimarga o camino de la devoción.

MÂRICHÂ

MÂRICHÂ: [o Mârichî] (Sánscrito). Hija del sabio Kandu y de Pramlochâ, la apsara-demonio del cielo de Indra

Fue madre de Dakcha

Es una alegoría referente al misterio de la segunda y tercera Razas humanas

[Véase: Pramlochâ.]

MARÎCHI

MARÎCHI: (Mârîchi) (Sánscrito). Uno de los hijos nacidos de la mente de Brahmâ, según los Purânas. Los brahmanes hacen de él la luz personificada, el padre de Sûrya, el Sol, el antecesor directo de Mahâkâzyapa

Los budistas del norte pertenecientes a la escuela Yogachârya, ven en Marîchi Deva un Bodhisattva, mientras que los budistas chinos (especialmente los taoístas), han hecho de este concepto la Reina de los Cielos, la diosa de la luz, regente del sol y de la luna

Entre los piadosos, e iliteratos budistas, su mágica fórmula "On Marîchi svâha" es muy poderoso

Hablando de Marîchi, Eitel hace mención de "Georgi, que explica tal término como una transcripción china del nombre de la santa virgen María" (!!)

Como quiera que Marîchi es el jefe de los Maruts [personificaciones de los vientos] y uno de los siete Richis primitivos, aquella supuesta derivación parece buscada demasiado lejos

[Marîchi significa literalmente "rayo de luz"

Es uno de los Prajâpatis (procreadores), y uno de los ocho puntos del cielo

En su significado esotérico, es uno de los antecesores solares de la humanidad, los Egos humanos inteligentes.]

MÂRKANDEYA

MÂRKANDEYA: (Sánscrito). Famoso asceta, hijo de Mrikanda; autor del Mârkandeya Purâna y célebre por sus estudios y acerbas austeridades. De él se hace frecuente mención en el Mahâbhârata, de él se cuenta que habiéndose unido a Bhagavat (Vishnú) por medio del pensamiento, a fuerza de ascetismo y meditación, se le apareció Hari (Vishnú-Krishna) bajo la doble figura de nara y Nârâyana

También se cuenta de él que, por el favor de Hrichikeza, "venció a la muerte, tan difícil de vencer", y de ahí su sobrenombre de Dîrghâyus, "el de larga vida".

MARTYA

(Sánscrito). Mortal, humano; hombre; la tierra, el mundo de los mortales.

MARTYA-MUKHA

(Sánscrito). Literalmente: "de rostro humano". Un ser (kinnara, yakcha, etc.) en quien se hallan combinadas las figuras de hombre y de animal.

MÂRUT-JIVAS

MÂRUT-JIVAS: (Sánscrito). Las Mónadas de Adeptos que han alcanzado la liberación final, pero prefieren reencarnarse en la tierra en beneficio de la humanidad

No se los confunda, sin embargo, con los Nirmânakâvas que ocupan un lugar mucho más elevado.

MARUTPÂLA

MARUTPÂLA: (Sánscrito). "Señor de los Maruts": Indra, dios del firmamento.

MARUTS

MARUTS: En los Vedas son los dioses de las tempestades amigos y aliados de Indra.

Seres belicosos que están armados con el relámpago y el trueno y que montan en el torbellino y dirigen la tempestad.

Su padre es Rudra y su madre Prsni.

Hay diversos himnos dedicados a los Maruts: 19, 37, 38, 39, 86, 87, 88, 170, 171, 573, 574 y 703. Por ejemplo el Himno 87 nos da una visión inicial de como son considerados los Maruts:

"(Dioses) de gran energía, de gran fuerza, desbordantes, incansables, que nunca vacilan, que avanzan, muy amados, muy viriles, sean ungidos, cualquiera que sean, con resplandores como las Auroras con las estrellas.-

..."La tierra tiembla bajo su empuje como vacilante con sus pasos, cuando se uncen para la belleza.

Estos (dioses) regocijados, alborozados, de lanzas resplandecientes, su propia grandeza celebran, (ellos que son dioses) sacudidores"

MÂTARIZVAN

MÂTARIZVAN: (Mâtarishvâ) (Sánscrito). Un ser aéreo representado en el Rig-veda aportando de lo alto o produciendo fuego (agni) para los Brighus, que son designados con el nombre de "Consumidores", y son descritos por los orientalistas como "una clase de seres míticos pertenecientes a la clase media o aérea de los dioses"

En Ocultismo, los Brighus son simplemente las "Salamandras" de los rosacruces y cabalistas. [Mâtarizvan: divino personaje estrechamente asociado con Agni, dios del fuego de los Vedas. (Doctrina Secreta,II, 431)

Literalmente: "el que duerme en el espacio". Este término se aplica al Prâna, en el sentido de que desempeña las funciones de registrar los actos de los hombres

(Râma Prasâd)

Algunos autores suponen que es el viento en general, y en el Diccionario de Burnouf se dice que es el nombre del jefe de los cuarenta y ocho Maruts que rodean el carro de Indra

Véase: Prometeo.]

MATPARA

MATPARA: (Sánscrito). Que hace de mí su meta o fin supremo, o el objeto de sus aspiraciones; consagrado, devoto o entregado a mí; consagrado sólo a mí; entregado por completo a mí; que piensa sólo en mí; que tiene el corazón dirigido a mí; que me mira como lo supremo; que me tiene por su principal objeto; atento sólo a mí

(Bhagavad-Gîtâ).

MATPARÂYANA

MATPARÂYANA: (Sánscrito). Que me tiene o considera como su fin, meta u objeto supremo; que hace de mí el objeto de sus anhelos o aspiraciones; que está enteramente lleno o penetrado de mí; devoto, atento o consagrado a mí

(Bhagavad-Gîtâ).

MÂTRIS

MÂTRIS: (Sánscrito). "Madres"; las madres divinas. Son en número de siete. Son los poderes y aspectos femeninos de los dioses [como Brahmânî, de Brahmâ; Vaichnavî, de Vichnu; Aindrî o Indrâni, de Indra, etc.]

MATSYA

(Sánscrito). "Pez". El Matsya avatar fue la primera de las encarnaciones de Vishnú.

Es también un nombre geográfico.

MATSYA-PURÂNA

(Sánscrito). Uno de los Purânas que trata de la encarnación o avatar de Vishnú en forma de pez.

MÂYÂ-MOHA

MÂYÂ-MOHA: (Sánscrito). ["Confusión o engaño causado por la ilusión".] Una forma ilusoria adoptada por Vishnú con el objeto de alucinar a unos ascetas daityas que, por sus grandes austeridades, habían llegado a un excesivo grado de santidad, y por lo mismo se habían hecho demasiado peligrosos por su poder, como dice el Vichnu-Purâna.

MAYA

Uno de los conceptos más importantes del hinduismo, que se interpreta como la irrealidad ilusoria del mundo.

Porque si bien éste es creado por Brahma, la ignorancia no nos deja ver la realidad absoluta en él. Por ello, para alcanzar la liberación es preciso despejar la ignorancia y la ilusión, lo que llevará al individuo a una visión directa de Brahma y a la unidad de la existencia.

MAYA

Madre de Buda que según la tradición budista poseía cualidades morales que la hacían digna de ser destinada a tal fin, ya que además desde el día de su nacimiento llevó una vida purísima.

Cuando le concibió, Maya tuvo un sueño en el que se sintió llevada por seres celestes hasta las montañas del Himalaya, donde las esposas de los dioses la bañaron y vistieron como a una diosa; luego fue llevada a un palacio de oro y fue depositada en un lecho.

El futuro Buda, en forma de elefante blanco penetró entonces en su cuerpo por el costado derecho.

Cuando se hallaba apunto de dar a luz, Maya marchó a Debadaha para visitar a sus parientes, el niño nació durante el viaje, en Lumbini.

MÂYÂMAYA

MÂYÂMAYA: (Sánscrito). Mágico. Un hecho o manifestación en que hay prestigio o ilusión; ilusión creadora o mágica.

MAYÂVICO

MAYÂVICO: Palabra castellanizada que deriva del sánscrito mâyâ, y equivale a "ilusorio".

MEDINÎ

MEDINÎ: (Sánscrito). La tierra; así llamada de la médula (meda) de los demonios [denominados Kaitabha y Madhu.] Estos monstruos, saliendo del oído de Vishnú mientras éste dormía, se aprestaban para dar muerte a Brahmâ, que estaba echado en el loto que nace del ombligo de Vishnú, cuando se despertó el dios conservador y dió muerte a ellos

Sus cuerpos, arrojados al mar, produjeron tanta cantidad de grasa y médula, que Nârâyana la utilizó para formar con ella la tierra.

MEGHAVÂHANA

MEGHAVÂHANA: (Sánscrito). Llevado sobre una nube; un dios (Indra, Shiva, etc.).

MENTE DEMIÚRGICA

MENTE DEMIÚRGICA: Lo mismo que "Mente universal", Mahat, primer "productor" de Brahmâ, o este mismo.

MERU-DANDA

MERU-DANDA: (Sánscrito). Nombre dado simbólicamente a la espina dorsal. (Uttara-Gîtâ, II, 13, 14).

MERU

MERU: Monte que figura en la cosmología hindú tradicional como eje del mundo.

Su altura es de 84.000 leguas y es el lugar donde se entretienen los dioses.

MIMAMSA

MÎMÂMSA: Una de las seis escuelas tradicionales de la filosofía hinduista que centra todo su interés en las obras santas, aunque no aborda las cuestiones filosóficas relacionadas con el tema.

El Mimansa lleva a cabo una exégesis que se refiere casi exclusivamente a los ritos y solo implícitamente contiene una visión del universo.

A partir del siglo VIII aparecen en su seno dos sectas debido a puntos de vista diferentes centrados en los problemas epistemológicos.

Hay que considerar que el Mimansa trata de interpretar todas las sentencias védicas como otros tantos preceptos cuyo significado esencial estaría relacionado con la ejecución de los ritos.

Los dioses mencionados en los himnos védicos pierden toda la entidad que les atribuyen las escrituras y su significado queda reducido a que sus nombres figuran en las diversas normas relativas al ritual.

Esta escuela es también conocida como Purvamima y Karmamimmamsa.

MÎMÂNSÂ

MÎMÂNSÂ: (Sánscrito). Un sistema de filosofía, uno de los seis que existen en la India. Hay dos escuelas filosóficas de este nombre: la primera, llamada Pûrva-Mîmânsâ [o Mîmânsâ anterior], fue fundada por Jaimini, y la segunda, Uttara Mîmânsâ [o Mîmânsâ posterior], lo fue por un Vyâsa, y actualmente es conocida con el nombre de Escuela Vedânta

Zankarâchârya fue el más eminente apóstol de esta última

La escuela Vedânta es el más antiguo de los seis darzanas (literalmente "demostraciones"), pero aun al Pûrva-Mîmânsa no se le atribuye una antigüedad que pase del año 500 antes de J.C

Los orientales que patrocinan la absurda idea de que todas estas escuelas "son debidas a la influencia griega" quisieran asignarles una fecha posterior, con el objeto de apoyar su teoría

Los Chad-darzana (o seis demostraciones) tienen todos un mismo punto de partida y afirman que exnihilo nihil fit [de la nada, nada se hace]

[Véase: Filosofía pûrva-mîmânsâ y Filosofía vedânta.]

MOKCHA-DHARMA

MOKCHA-DHARMA: (Sánscrito). Título de la tercera parte del Zânti-Parvan del Mahâbhârata.

MOKCHA-JÑÂNA

MOKCHA-JÑÂNA: (Sánscrito). Conocimiento salvador, o que da la salvación.

MOKCHA

MOKCHA: (Moksha) (Sánscrito). "Liberación". Liberación de los vínculos de la carne y de la materia, o de la vida en esta tierra

[Véase: Mukti.] Lo mismo que Nirvâna; un estado post-mortem de reposo y bienaventuranza del Alma-peregrino

[Mokcha significa: liberación, desligamiento, emancipación, salvación; es la liberación definitiva de los lazos del cuerpo y de la materia en general, y consecutivamente, liberación de los dolores de la existencia mundana

En tal estado, el Espíritu individual, exento de toda nueva reencarnación, es absorbido en el Espíritu universal

Esta liberación final, por lo tanto, es considerada como la suprema bienaventuranza

Dicha palabra tiene aun otras acepciones: muerte; justicia, equidad, equilibrio, etc

Véase: Mukti.]

MOKSA
MOKSA: Una de las palabras más empleadas en el hinduismo para referirse a la liberación o la salvación.

Tradicionalmente se afirma que es uno de los cuatro objetivos finales de la vida.

MUHURTA
MUHURTA: (Sánscrito). La trigésima parte del día, o sea unos 48 minutos; un momento, un tiempo breve.

MUKHA
MUKHA: (Sánscrito). Boca, rostro; voz, sonido; dirección; principio, medio; el Veda (salido de la boca de Brahma).

MUKHYA-PRÂNA
MUKHYA-PRÂNA: (Sánscrito). El Prâna principal. La manifestación objetiva del Âtmâ en el cuerpo. (P. Hoult).

MUKHYA
MUKHYA: (Sánscrito). Jefe, caudillo; primero, primario, principal, el mejor

En los Purânas, es la cuarta creación, o sea la del reino vegetal

Se llama Mukhya o "primaria" porque da principio a la serie de cuatro

Es, pues, el punto medio entre los tres reinos inferiores y los tres superiores, que representan los siete reinos esotéricos del Kosmos y de la

Tierra. (Doctrina Secreta, I, 490).

MUKTA

MUKTA: (Sánscrito). Libre, libertado, emancipado, exento; beatificado o salvado

El candidato al Mokcha (liberación de las trabas de la carne, de la materia o de la vida en esta tierra)

[El Espíritu libre de la existencia condicionada, o libre de los lazos del cuerpo.] Véase: Mukti.

MUKTI

MUKTI: (Sánscrito). Liberación de la vida senciente. (Véase: Mukta)

[Exención, emancipación, liberación de los sufrimientos de la vida terrestre; liberación final; beatitud; Nirvâna

Sinónimo de Mokcha.]

MÛLAPRAKRITI

MÛLAPRAKRITI: (Sánscrito). Literalmente: "raíz de la Naturaleza (prakriti) o de la Materia"

La raíz Parabrâhmica, el abstracto principio deífico femenino: la substancia indiferenciada, Âkâza

[La materia cósmica indiferenciada, materia primordial, esencia o raíz de la materia, eterna causa material y substancia inmanifestada de todo ser; o sea la masa inmensa de materia informe, caótica o indiferenciada, de la cual surgen todas las formas o manifestaciones materiales del universo visible o manifestado, de igual modo que de la informe masa de barro salen todas las figuras y vasijas que fabrica el alfarero

Los alquimistas occidentales le dan el nombre de "Tierra de Adán", y los vedantinos, Parabrahman, si bien, en rigor, "el Mûlaprakriti es sólo el velo echado sobre Parabrahman"

(Véase: Doctrina Secreta, I, 39, nota.).]

MULUK-TAUS

MULUK-TAUS: (o Muluk-Taoos) (Arábigo). De Maluh "regente" o "gobernador", forma posterior de Moloch, Melek, Malayak y Malachim, "mensajeros", ángeles

Es la deidad adorada por los yezidis, que forman una secta persa, benévolamente llamada por la teología cristiana "adoradores del diablo", bajo la forma de un pavo real

El señor "Pavo real" no es Satán, ni es el diablo, puesto que es simplemente el símbolo de la Sabiduría de cien ojos; el ave de Sarasvatî, diosa de la Sabiduría, de Karttikeya el Kumâra, el virgen célibe de los Misterios de Juno, y de todos los dioses y diosas que tienen relación con la sabiduría secreta.

MUMUKCHATVA

MUMUKCHATVA: (Mumukshatwa) (Sánscrito). Deseo de liberación (de la reencarnación y de la esclavitud de la materia).

MUNDAKA

MUNDAKA: Uno de los Upanisades tardíos.

Texto mas bien breve y en verso que muestra un espíritu teísta.

MUNDAKYA-UPANISHAD

MUNDAKYA-UPANISHAD: (Mundakopanishad) (Sánscrito). Literalmente: "Doctrina esotérica Mundaka". Obra muy antigua. Ha sido traducida por el rajâ Rammohun Roy.

MURO GUARDIÁN O PROTECTOR

MURO GUARDIÁN O PROTECTOR: Nombre sugestivo dado a la legión de Adeptos (Narjols) o Santos colectivamente, que se supone velan por la humanidad ayudándola y protegiéndola

Esta es la llamada doctrina Nirmânakâya en el Budismo místico del Norte

[Según se enseña, los acumulados esfuerzos de largas generaciones de yoguis, santos y adeptos, y especialmente de Nirmânakâyas, han creado, por decirlo así, en torno de la humanidad un muro de protección que la defiende invisiblemente de males todavía peores

Voz del Silencio, III.]

MÛRTIMAT

MÛRTIMAT: (Murttimat) (Sánscrito). Alguna cosa inherente o encarnada en alguna otra cosa e inseparable de ella; como la humedad en el agua, que es coexistente y contemporánea con ella

Este nombre se aplica a algunos atributos de Brahmâ y otros dioses

[Mûrtimat significa igualmente: que tiene cuerpo, corpóreo; encarnado, personificado, cuerpo.]

N

NABHA(S)SAD

NABHA(S)SAD: (Sánscrito). Literalmente: "sentado sobre una nube"; un dios.

NÂBHIJA Y NÂBHIJANMAN

NÂBHIJA Y NÂBHIJANMAN: (Sánscrito). Brahmâ, nacido del ombligo de Vishnú.

NAGA

NAGA: Divinidades secundarias del hinduismo que habitan en los palacios subterráneos o acuáticos, son hermosos y están cubiertos de joyas.

Se les representa con cuerpo mitad de animal, mitad humano.

NAGARJUNA

Brahmán de Berar, siglo II al III, que gozaba de gran fama como filósofo.

Pertenecía a la escuela del mahayana.

Basándose en la literatura de los prajñaparamitasutra, y sobre todo en la doctrina de la vacuidad universal, elaboró una dialéctica de gran sutileza puesta al servicio de una profunda intuición mística.

Su producción literaria es muy amplia, entre la que destaca el Mula-madh-yamakakarika o Estancias didácticas de los Madhyamaka originales, donde expone su doctrina en verso.

NAGARJUNA

Místico, filósofo y gran hermetista hindú del s. II d. C. Nagarjuna, fundador de la escuela Madhyamica, es sin duda una figura excepcional de la filosofía mahayana del budismo.

Su doctrina se caracteriza por la negación tanto del mundo exterior como el interior.

Todo es nada.

Su influencia sobre el budismo posterior fue muy grande.

Dentro de su posible actividad como alquimista, cuenta la tradición que logró obtener el Elixir de la inmortalidad.

En todo caso, es una de las figuras más grandes de la alquimia* hindú, atribuyéndosele numerosos tratados.

Parece ser que dentro del campo de la magia*, trabajó con los grandes podêres que le habían sido concedidos.

NAICHTHIKA

NAICHTHIKA: (Sánscrito). Final, último, extremo, supremo, definitivo; perfecto, completo. Brâhmana que pertenece hasta el fin bajo la dirección de su maestro.

NAIGAMA

NAIGAMA: (Sánscrito). Guía, dirección; vía, camino. Uno de los Upanishads.

NAIMICHA

NAIMICHA: (Sánscrito). Nombre de un bosque consagrado a Vishnú.

NAMAM

NAMAM: Emblema de Visnú que sus seguidores se tatúan en la frente.

Está formado por tres lineas dispuestas de tal manera que se asemejan a un tridente.

NARAKA

NARAKA: Infierno hindú donde las tinieblas se extienden por toda la eternidad y las almas de los perversos son atormentadas por el fuego, serpientes, insectos...

Se debe permanecer en él hasta que se han expiado una parte de las culpas, sólo entonces se es liberado para entrar de nuevo en el ciclo de las existencias.

NÂRÂYANA

NÂRÂYANA: (Sánscrito). El "que se mueve sobre las aguas" del Espacio. Epíteto de Vishnú, en su aspecto de Espíritu Santo, que se mueve sobre las Aguas de la Creación. (Véase: Manú, lib. II)

-En la simbología esotérica, representa la primera manifestación del principio vital, difundiéndose en el Espacio infinito

["A las aguas se las ha llamado nârâs porque fueron producción de Nara [el Espíritu divino, el Espíritu nacido de sí mismo]; y por ser ellas el primer lugar del movimiento (ayana) de Nara, éste ha sido denominado Nârâyana (el que se mueve sobre las aguas) (Leyes de Manú, I, 10)

Es de notar que por Nara o Nârâyana ha de entenderse aquí Brahmâ, el Creador

(Véase: Nara)

-Entre los Iniciados del Norte, la ciencia sagrada o sabiduría secreta está representada por el Agua; esta última es la producción o cuerpo de Nara (Paramâtman), y así, Nârâyana significa: "el que reside en el abismo" o está sumergido en las Aguas de la Sabiduría

(Doctrina Secreta, II, 520).]

NÂTH

[o Nâtha] (Sánscrito). Señor. Palabra que se aplica a los dioses y a los hombres

Es un título que se agrega al primer nombre de hombres y cosas, como Badarî-nâth (Señor de montañas), famoso lugar de peregrinación; Go-pînâth (Señor de pastoras), aplicado a Krishna, etc.

NATEZVARA

(nata-îzvara) (Sánscrito). "Señor de la danza". Epíteto de Shiva.

NIDHI

NIDHI: (Sánscrito). Tesoro. Los nueve tesoros del dios Kuvera (el Satán védico); cada uno de ellos está confiado a la custodia de un demonio

Tales tesoros están personificados y son otros tantos objetos de culto entre los tântrikas

[Nidhi significa además: océano, colección, reunión, etc.]

NIDRÂ

NIDRÂ: (Sánscrito). Sueño. Es también la forma femenina de Brahmâ. [La diosa del sueño; el sueño sin ensueños.]

NÎLAKANTHA

NÎLAKANTHA: (Sánscrito). Epíteto de Shiva que significa "cuello azul", lo cual, según se dice, es resultado de un veneno que absorbió dicho dios

[Shiva, por un acto de sacrificio, absorbió una bebida ponzoñosa y co-rrosiva salida del océano, y destinada a causar la muerte del universo

Véase el Bhâgavata Purâna.]

NÎLALOHITA

NÎLALOHITA: (Sánscrito). Literalmente, "rojo y azul"

Epíteto de Shiva o de Rudra, que es una forma de Shiva. (Doctrina Secreta, I, 493)

Véase también la obra citada, II, 202.

NIRRITI

NIRRITI: (Sánscrito). La diosa de la muerte y decadencia. [La divinidad del mal; preside al Sudoeste; desgracia, infortunio.]

NIRVÂNÎ

NIRVÂNÎ: (Sánscrito). El que ha alcanzado el Nirvâna, un alma emancipada

Que el Nirvâna no significa nada que se parezca a las aserciones de los orientalistas, lo sabe perfectamente toda persona instruída que haya visitado la China, la India y el Japón

Es la "liberación de las cadenas del sufrimiento", pero sólo del de la materia, emancipación del Kleza [véase esta palabra], o del Kâma, y la completa extinción de los deseos animales

Si se nos dice que el Abhidharma define el Nirvâna como "un estado de aniquilación absoluta", convenimos en ello, pero añadiendo a la última palabra el requisito "de todo cuanto se relaciona con la materia del mundo físico", y esto simplemente porque este último (lo mismo que todo lo que en él se haya contenido) es pura ilusión o Mâyâ

Zâkyamuni Buddha, en los postreros momentos de su vida, dijo que "el cuerpo espiritual es inmortal"

(Véase: Diccionario sánscrito-chino)

Según explica el erudito sinólogo Mr. Eitel, "los sistemas populares exotéricos concuerdan en definir el Nirvâna negativamente como un estado de absoluta exención del círculo de transmigraciones, un estado de completa liberación de todas las formas de existencia, empezando por la de toda pasión y todo esfuerzo; un estado de indiferencia a toda sensibilidad", y podría haber añadido: "de muerte de toda compasión hacia el mundo de sufrimiento"

Y he aquí por qué los Bodhisattvas que prefieren la vestidura de Nirmânakâya a la Dharmakâya ocupan en la estima popular un sitio más eminente que los Nirvânîs

Pero el mismo autor añade que; "Positivamente (y esotéricamente) se define el Nirvâna como el supremo estado de bienaventuranza espiritual, como la inmortalidad absoluta por medio de la absorción del alma (del Espíritu, mejor dicho) en sí misma, pero conservado la individualidad, de suerte que los Buddhas, por ejemplo, después de entrar en el Nirvâna, pueden reaparecer en la tierra", esto es, en el manvantara futuro.

NIRVRITI

NIRVRITI: (Sánscrito). Goce, placer; osadía, temeridad

A veces se usa esta palabra con el significado de nivritti: partida, desaparición, muerte; cesación, conclusión, terminación; reposo, inacción, etc.

NIRVRITTI

NIRVRITTI: (Sánscrito). Conclusión, cesación; fin, término; muerte, partida, desaparición; desistimiento; supresión; inactividad, pasividad, inacción, reposo; abstención, renunciación; beatitud o bienaventuranza final; vuelta o retorno a la existencia (o vida terrena).

NOCHE DE BRAHMÂ

NOCHE DE BRAHMÂ: Es el período entre la disolución y la vida activa del universo. Este período tiene la misma duración que el Día de Brahmâ, o sea de 2.160.000.000 años, durante los cuales Brahmâ, se dice, está dormido

Al despertar, empieza de nuevo el proceso, que continúa así por espacio de una Edad (o siglo) de Brahmâ, compuesta por Días y Noches alternados, que duran 100 años (de 2.160.000.000 años solares cada uno)

Se necesitan quince guarismos para expresar la duración de una Edad semejante, después de expirar la cual, empieza el Mahâpralaya, o Gran Disolución, que dura, a su vez, igual espacio de tiempo de quince guarismos

[Véase: Día de Brahmâ, Pralaya y Mahâpralaya.]

NRI-SINHA O NARA-SINHA

NRI-SINHA O NARA-SINHA: (Sánscrito). "Hombre-león". El cuarto avatar de Vishnú

Este dios tomó esta forma mixta, medio hombre y medio león, para librar la tierra de la tiranía del terrible daitya (demonio) Hiranyakazipu, que era invulnerable a los ataques de los dioses y animales.

P

PADMA-KALPA

PADMA-KALPA: (Sánscrito). Nombre del último Kalpa o el precedente manvantara, que era un año de Brahmâ.

[El Padma-kalpa es también llamado "Kalpa del Loto de oro", y representa una mitad de la vida de Brahmâ.

PARAMAHANSA YOGANANDA

PARAMAHANSA YOGANANDA: Fundador de la secta hinduismo contemporánea Comunidad de la Autorealización, fallecido en 1952.

PARAPRAKRITÎ

PARAPRAKRITÎ: (Sánscrito). La naturaleza superior de la Divinidad, la naturaleza espiritual. Elemento vital que anima y sostiene todos los seres.

(Véase: Bhagavad-Gîtâ, VII, 5).

-Entiéndese también por Para-prakriti el Prakriti inmanifestado. (P. Hoult).

-Véase: Daivi-prakriti y Apara-prakriti.

PARÂZAKTI

PARÂZAKTI: (Parasakti o Parashakti) (Sánscrito). "La grande o suprema Fuerza"; una de las seis Fuerzas de la Naturaleza; la de la luz y del calor.

PARITÂPA O PARÎTÂPA

PARITÂPA O PARÎTÂPA: (Sánscrito). Calor, ardor; tormento que consume. -Una de las divisiones del infierno.

PÂRVATI

PÂRVATI: (Sánscrito). Nombre de la esposa de Shiva, llamada también Durgâ.

PASCH

PASCH: Joven médico alemán que sacrificó valerosamente su vida para libertar al célebre alquimista Bötticher, que estaba recluído en una prisión.

PASUPATA

PASUPATA: Escuela teológica del hinduismo sivaita en la que Pasupati, Señor de las Criaturas; es el Señor de todos.

La oración, el amor y la devoción apasionada pueden inducirle a liberar a sus fieles del ciclo de existencias.

PÂSUPATAS

PÂSUPATAS: (Sánscrito). Una secta de adoradores de Shiva, cuyas doctrinas consideraban los vedantinos como heréticas porque aquellos no admiten que la Deidad creó de su propia esencia el universo.

En su sentir, Îzvara, el Ser supremo, es, como el alfarero, la causa eficiente, pero no la material.

PÂVAKA

PÂVAKA: (Sánscrito). Uno de los tres fuegos personificados, los primeros hijos de Abhimânim o Agni, que tuvieron cuarenta y cinco hijos: éstos, juntamente con el hijo original de Brahmâ, el padre de ellos, Agni, y los tres descendientes de éste, constituyen los cuarenta y nueve fuegos místicos.

[Véase: Doctrina Secreta, II, 60, nota.] Pâvaka es el fuego eléctrico.

[Pâvaka es uno de los nombres de Agni, dios del fuego, y también del fuego en general.

-Véase: Los tres fuegos.]

PAVAMÂNA

PAVAMÂNA: (Sánscrito). Otro de los tres fuegos.

(Véase: Pâvaka): el fuego producido por la frotación.

[Esta palabra significa también: aire, viento.

Es asimismo el nombre de ciertos stotras.

(Véase esta palabra).

-Véase igualmente: Doctrina Secreta, II, 60, nota; Nirmathya y Los tres Fuegos.]

PIZÂCHAS

PIZÂCHAS: (Pisâchas) (Sánscrito). Según los Purânas, son demonios o malos genios creados por Brahmâ.

Según la creencia popular del Sur de la India, son espíritus, fantasmas, demonios, larvas y vampiros, generalmente hembras (Pizâchî), que se aparecen a los hombres.

Deleznables restos de seres humanos que residen en el Kama-loka, a manera de cascarones y elementarios.

[Orden inferior de demonios o genios maléficos, sedientos de sangre, y que participan de la naturaleza de los râkchasas, aunque inferiores a éstos.

Véase: Kâmarûpa e Íncubos.]

PRACHETAS
PRACHETAS: (Sánscrito). Sobrenombre de Varuna, dios del agua, o esotéricamente, su principio. [Feliz, contento; atento; conocedor, sabio.

Es también el nombre de uno de los Prajâpatis y de un poeta védico.]

PRÂCHETASAS
PRÂCHETASAS: (Sánscrito). Dakcha es hijo de los Prâchetasas, los diez hijos de Prâchinabarhis.

Según los Purânas, son hombres dotados de poderes mágicos, y que mientras estaban practicando austeridades religiosas, permanecieron en profunda meditación en el fondo del mar por espacio de diez mil años.

Es asimismo el nombre de Dakcha, llamado Prâchetasa.

(Véase: Doctrina Secreta, II, 186 y siguientes).

[Los Prâchetasas obtuvieron de Vishnú el don de convertirse en progenitores de la humanidad.

Tomaron por esposa a Mârichâ, de la cual tuvieron un hijo, Dakcha (véase esta palabra).]

PRADHÂNA-PURUSHA
PRADHÂNA-PURUSHA: (Sánscrito). La persona principal; hombre eminente o de autoridad; el Principio masculino supremo; el Espíritu supremo.

Epíteto de Vishnú y de Shiva.

PRADHANA
PRADHANA: Palabra sánscrita que se refiere a la energía primordial.

PRADHÂNAKA
PRADHÂNAKA: (Sánscrito). En el sistema sânkhya, es la substancia primordial: pradhâna. (P. Hoult).

PRADYUMMA

PRADYUMMA: (Sánscrito). Literalmente: "el poderoso".

Epíteto de Kâma, dios del amor.

Nombre de varios personajes, de una montaña, de un río, etc.

El Yo divino manifestándose por medio del Buddhi. (P. Hoult).

PRAHLÂDA

PRAHLÂDA: (Sánscrito). Hijo de Hiranyakazipu, rey de los asuras [daityas]. Como era ferviente devoto de Vishnú, de quien su padre era el más acérrimo enemigo, estuvo por esta razón sujeto a crueles tormentos y castigos.

Para librar de éstos a su devoto Vishnú, adoptó la forma de Nri-Sinha (hombre-león, su cuarto avatar) y así dio muerte al despiadado padre.

[Prahlâda significa literalmente: alegría, bienestar, felicidad.

Después de la muerte de su padre, Prahlâda fue rey de los daityas.

(Bhagavad-Gîtâ, X, 30).

Véase: Nri-Sinya.]

PRAJÂ-PATIS

PRAJÂ-PATIS: (Sánscrito). Progenitores o procreadores; dadores de vida a todo lo que hay en esta tierra.

Hay siete y diez, correspondientes a los siete y diez Sephiroth de la Cábala, a los Amesha-Spentas del mazdeísmo, etc.

Brahmâ, el Creador, es llamado Prajâpati, por ser la síntesis de los Señores de la existencia.

[Prajâ-pati significa literalmente: "Señor de la creación o de las criaturas", y es un calificativo de Brahmâ, de los siete grandes Richis, Manús y otros elevados seres.

Los Prajâpatis son hijos o emanaciones de Brahmâ, que ponen de manifiesto sus poderes creadores.

Según el Rig-Veda, el verdadero creador no es Brahmâ, sino los Prajâpatis o Señores del Ser, que son también los Richis.

(Doctrina Secreta, I, 370).

Leemos en las Leyes de Manú que Brahmâ creó primero los "diez Señores del Ser", los diez Prajâpatis o Fuerzas creadoras, que producen después otros siete Manús, o según algunos manuscritos, no Manún

[Manús], sino Munín [Munis], "devotos" o santos seres, que son los siete Angeles de la Presencia. (Id., II, 606).

En algunos casos Brahmâ significa esotéricamente los Pitris: es colectivamente el Pitâ, "Padre"; simboliza personalmente los Creadores colectivos del mundo y de los hombres, esto es, del Universo con todas sus innumerables producciones de seres animados e inanimados (móviles e inmóviles).

Es colectivamente los Prajâpatis o Señores de la Existencia. (Id., II, 63).

Respecto a su número, se ha dicho que son siete, diez y finalmente veintiuno; pero esto es puramente alegórico.

Son diez, con Brahmâ, lo mismo que los diez Sephiroth del Zohar; pero este número se reduce a siete cuando la Trimûrti o Tríada cabalística se separa de los restantes. (Id., I, 380).

Lo propio vemos en todas las naciones, cada una de las cuales tiene sus siete y diez Prajâpatis.

El Ocultismo fija en siete el número de Progenitores que corresponden respectivamente a las siete Razas primordiales.

Los Prajâpatis no son ni dioses ni seres sobrenaturales, sino Espíritus avanzados de otro planeta inferior, que renacieron en el nuestro, y que a su vez dieron origen, en la presente Ronda, a la humanidad actual. (Id., II, 646).

Dakcha es el jefe de los Prajâ-patis.

En la filosofía esotérica se hace mención de los Prajâpatis superiores (los Kumâras), que son los progenitores del verdadero Yo espiritual del hombre, y los Prajâpatis inferiores (Barichad-Pitris), que son los padres del modelo o tipo de la forma física humana, hecha a imagen de ellos.

Véase: Brahmâ-Prajâpati, Kumâras, Manus, Manu-Svâyambhuva, Pitris, etc.]

PRAJÂPATI-LOKA

PRAJÂPATI-LOKA: (Sánscrito). Región o mundo de los Prajâpatis, Richis y Pitris.

Es el segundo de los lokas, según la clasificación de los sânkhyas y algunos vedantinos.

(Véase: Pitri-loka).

PRAJÂPATI-VÂCH

PRAJÂPATI-VÂCH: (Sánscrito). Es el aspecto dual o carácter andrógino de los principales dioses creadores.

Es lo mismo que Brahmâ.

(Doctrina Secreta, I, 461-466).

Véase: Vâch.

PRAJAPATI

PRAJAPATI: Nombre dado en los Vedas a los grandes dioses de la Naturaleza.

(Himno a Prajápati)

«Cuando las grandes aguas se dirigieron en todas direcciones depositando el germen y engendrando el fuego (Agni), entonces surgió la vida de los dioses. ¿A qué dios honraremos con nuestro sacrificio?

El cual por su poder miró las aguas que depositaron el poder y engendraron el sacrificio.

El cual es el único dios entre los dioses. ¿A qué dios honraremos con nuestro sacrificio?

Que no nos cause daño el que es el engendrador de la tierra, y el que engendró el cielo, el (dios) de leyes que se cumplen, el que engendró las aguas grandes (y) brillantes. ¿A qué dios honraremos con nuestro sacrificio?

Oh Prajápati, ninguno más que tú es dueño de todas estas cosas engendradas.

Que todo lo que deseamos al suplicarte sea nuestro. Que seamos dueños de las riquezas.» (Rigveda, X, 121)

PRÂKÂMYA

PRÂKÂMYA: (Sánscrito). El poder de ver realizados todos los deseos, de cualquier clase que sean; condescendencia a los propios deseos.

Uno de los ocho atributos de Shiva.

PRAKRITI-LAYA

PRAKRITI-LAYA: (Sánscrito). El alma que no ha logrado alcanzar la liberación y ha venido a quedar unida a la Naturaleza.

En sus comentarios a los Aforismos del Yoga (I, XVII), Manilal Dvivedi designa con dicho nombre al "que está disuelto en el Prakriti, y que no se ha remontado por encima de él", o sea, al que está ligado o adherido a la materia.

PRÂKRITIKA-PRALAYA

PRÂKRITIKA-PRALAYA: (Sánscrito). El Pralaya que sigue a la Edad de Brahmâ, cuando todo lo existente se resuelve en su primordial esencia (Prakriti).

[Es el Pralaya o disolución elemental.

Véase: Pralaya.]

PRALAYA

PRALAYA: (Sánscrito). Es un período de obscuración o reposo (planetario, cósmico o universal); lo opuesto al Manvantara.

(Doctrina Secreta, I, 397).

[Pralaya es el período de disolución, sueño o reposo relativo o total del universo que sobreviene al fin de un Día, de una Edad o de una Vida de Brahmâ.

Pero este término no se aplica únicamente a cada "Noche de Brahmâ", o sea a la disolución del mundo que sigue a cada Manvantara; aplícase igualmente a cada "Obscuración" y a cada cataclismo que pone fin, por medio del fuego o por medio del agua, alternativamente, a cada Raza-madre.

Hay muchas clases de Pralaya, pero los principales son:

1) el Naimittika, "ocasional" o "incidental", causado por los intervalos de los "Días de Brahmâ", durante los cuales Brahmâ (que es el Universo mismo) duerme su Noche.

Este Pralaya es la destrucción de las criaturas, de todo cuanto tiene vida y forma, pero no de la substancia, que permanece en una condición estacionaria hasta que aparece la nueva aurora al terminar la Noche.

2) el Prâkritika o "elemental", que ocurre al fin de la Edad o Vida de Brahmâ, cuando todo lo existente se resuelve en el Elemento primordial, para ser modelado de nuevo al terminar aquella Noche más larga. En esta clase de Pralaya, el retorno de este universo a su naturaleza original es parcial y físico.

3) el Âtyantika, definitivo o absoluto, el cual no concierne a los mundos o al universo, sino únicamente a algunas Individualidades, sien-

do, por lo tanto, el Pralaya individual, o Nirvâna, después de haber alcanzado el cual no es posible ninguna otra existencia futura o ningún renacimiento hasta después del Mahâ-Pralaya. El Pralaya individual es la identificación de lo Encarnado con lo Incorpóreo, o sea el Espíritu supremo, y es un estado mahâtmico, ya temporal o ya hasta llegar al siguiente Mahâ-kalpa.

En el Bhâgavata-Purâna se habla de una cuarta clase de Pralaya, el Nitya o perpetuo, o sea la disolución contínua, que es el cambio que se opera de un modo imperceptible e incesante en todo lo que hay en el universo, desde el globo hasta el átomo.

Es progreso y decadencia, vida y muerte. (Doctrina Secreta, I, 397-398; II, 72, 323).

El ocultismo admite también varias clases de Pralaya: hay el Pralaya individual de cada globo, al pasar la humanidad y la vida al próximo, habiendo siete Pralayas menores en cada Ronda; el Pralaya planetario, cuando ha llegado a su fin todo el sistema, y por último, el Pralaya universal (Mahâ o Brahmâ-Pralaya), al término de la Edad de Brahmâ.

Estos son los Pralayas principales, pero hay otros muchos Pralayas menores. (I, 195).

El Mahâ-Pralaya, Pralaya universal o final, es la muerte del Kosmos, la reabsorción del universo. En él todas las cosas se resuelven en su original Elemento único; los mismos dioses (Brahmâ, etc.) mueren y desaparecen durante aquella dilatadísima Noche.

El Prakriti y el Purusha (Naturaleza y Espíritu) se resuelven sin cualidades o atributos en el Espíritu supremo, que es el Todo.

El Espíritu permanece en el Nirvâna, o sea Aquello para lo cual no hay Día ni Noche.

Este Gran Pralaya ocurre al fin de cada Edad de Brahmâ.

Todos los demás Pralayas son menores, parciales, periódicos y siguen a los Manvantaras, o Días de Brahmâ, en sucesión regular, como sigue la noche al día de cada ser terrestre. (I, 603).

Así es que después de cada Día de Brahmâ viene un Pralaya parcial, cuya duración es la misma que la del Manvantara, o en otros términos: la duración de la Noche es igual que la del Día de Brahmâ.

En todos estos Pralayas menores, los mundos permanecen en una condición estacionaria (I, 46), se hallan en un estado latente de inacción o pasividad, como dormidos, durante todo este período, para despertar de nuevo al llegar la aurora del nuevo Día.

Durante la dilatada Noche de descanso o sueño del universo llamado Pralaya universal, cuando todas las Existencias están disueltas, la Mente universal permanece como una posibilidad de acción mental, o como aquel abstracto Pensamiento absoluto, del cual la mente es la concreta manifestación relativa (I, 70).

Toda ideación cósmica cesa entonces, porque no existe nadie ni nada para percibir sus efectos (I, 350); Brahmâ, la Deidad misma, se halla en estado latente, a modo de sueño.

Los variadísimos estados en que se halla diferenciada la substancia cósmica se resuelve en el estado primordial de abstracta objetividad potencial.

Nuestro Kosmos y la Naturaleza entera se extinguen sólo para reaparecer en un plano más perfecto después de este larguísimo período de reposo.

Los innumerables globos desintegrados son de nuevo construídos del antiguo material, y reaparecen transformados y perfeccionados para una nueva fase de vida.

Según el Ocultismo, los Pralayas cíclicos no son más que "Obscuraciones", durante las cuales la Naturaleza, esto es, todas las cosas visibles e invisibles de un planeta en reposo permanecen estacionarias.

(Véase: Obscuración).

Véase también: Mahâ-Pralaya, Manvantara, Noche de Brahmâ, Nitya-Pralaya, Nirvâna, Paranirvâna, etc.]

PRAMLOCHÂ

PRAMLOCHÂ: (Sánscrito). Una apsaras o ninfa celeste que sedujo a Kandu.

(Véase: Kandu).

-[Indra envió a la tierra una bellísima ninfa celeste, llamada Pramlochâ para seducir al sabio Kandu y distraerle de sus devociones y penosas austeridades.

Logró ella su propósito y vivió con él "novecientos y siete años, seis meses y tres días" (cifra exotérica desfigurada que representa la duración del ciclo comprendido entre la primera y la segunda Razas humanas), tiempo que transcurrió como un solo día para el sabio.

Pasado este transporte, Kandu maldijo a la seductora ninfa y la repudió diciéndole: "¡Aparta, fardel de engaños e ilusiones!" Y Pramlochâ huye despavorida por los aires enjugando el sudor de su cuerpo con las hojas de los árboles.

Los vientos recogieron aquel rocío viviente formando con él una masa, que Soma (la Luna) maduró con sus rayos.

Gracias a esto, la masa producida por la transpiración de la ninfa fue creciendo hasta transformarse en la hechicera niña llamada Mârichâ.

Este relato del Vichnu Purâna, como se comprende desde luego, es completamente alegórico.

Kandu representa la primera Raza; es hijo de los Pitris y está desprovisto de mente; Pramlochâ es la Lilith inda del Adán ario, y Mârichâ, su hija, es la "nacida del sudor" y figura como símbolo de la segunda Raza de la humanidad.

(Doctrina Secreta, II, 184-185).

PRATIBHÂSIKA

PRATIBHÂSIKA: (Sánscrito). La vida aparente o ilusoria.

[Así se llama la conciencia que se relaciona con los fenómenos ilusorios.

Es el tercer grado del Mâyâ de los vedantinos. (P. Hoult).]

PRATISAMVID

PRATISAMVID: (Sánscrito). Las cuatro "formas ilimitadas de conocimiento o sabiduría" alcanzadas por un Arhat, la última de las cuales es el conocimiento absoluto de los doce nidânas y el poder sobre ellos.

(Véase: Nidâna).

PRAZNOPANISHAD

PRAZNOPANISHAD: o Prashnopanishad (Prazna-upanishad) (Sánscrito).

Uno de los Upanishads relacionado con los antiguos Vedas.

Ha sido traducido y editado varias veces, una de ellas con el comentario de Zankarâchârya.

PRAZRAYA

PRAZRAYA: (Prashraya) (Sánscrito). Por otro nombre, Vinaya. "La progenitora de amor". Título dado a la Aditi védica.

"Madre de los Dioses".

[Prazraya significa además: conducta respectiva; modestia, humildad.

Véase: Aditi.]

PÛCHAN

PÛCHAN: (Pushan) (Sánscrito). Una deidad védica cuyo verdadero significado permanece desconocido para los orientalistas.

Es calificado como el "sustentador" o alimentador de todos los seres (desvalidos).

La filosofía védica explica su significado. Hablando de dicha divinidad, el Taittirîya Brâhmana dice que "cuando Prajâpati formó los seres vivientes, Pûchan los nutrió".

Este, por lo tanto, es la misma fuerza misteriosa que nutre al feto y a la criatura, antes de nacer, por ósmosis (paso recíproco de líquidos de diferente densidad a través de una membrana porosa que los separa), y que es denominada "nodriza atmosférica (o âkâzica)", y "padre sustentador".

Cuando los Pitris lunares hubieron producido a los hombres, éstos permanecieron insensibles y abandonados, y es "Pûchan el que alimentó a los hombres primitivos." -Es también un nombre del Sol [y como tal es enumerado entre los doce Âdityas.]

PUDGALA

PUDGALA: (Sánscrito). Hombre, individuo; el cuerpo; la materia, el alma; el ego o yo que se reencarna.

Como adjetivo: bello, hermoso; que tiene forma definida; dotado de propiedades.

Epíteto de Shiva.

PÛJÂ

(Sánscrito). Ofrenda; culto y honores divinos tributados a un ídolo, divinidad o a alguna cosa sagrada.

[Culto, adoración, devoción, veneración, respeto, homenaje.

PÛJANA

(Sánscrito). Culto, adoración, veneración, respeto.

PÛJITA

(Sánscrito). Respetado, honrado; recomendado, iniciado.

PÛJIYA

(Sánscrito). Honorable, respetable, venerable, venerando.

PULASTYA

PULASTYA: (Sánscrito). Uno de los siete "Hijos nacidos de la mente" de Brahmâ; supuesto padre de los Nâgas (serpientes, y también Iniciados) y otros seres simbólicos.

PUNARJANMA-JAYA

PUNARJANMA-JAYA: (Sánscrito). Literalmente: "victoria sobre el renacimiento", esto es, el acto de librarse de futuras reencarnaciones.

(Véase: Mocha).

PUNARJANMA-SMRITI

PUNARJANMA-SMRITI: (Sánscrito). Memoria de los pasados renacimientos o existencias.

PUNDARÎKÂKCHA

PUNDARÎKÂKCHA: [Pundarîka-akcha] (Sánscrito). Literalmente: "que tiene los ojos de loto".

Epíteto de Vishnú.

"Gloria suprema e imperecedera", como traducen algunos orientalistas.

PURANAS

PURANAS: El libro de los puranas o historias antiguas forma parte de las escrituras canónicas auxiliares del hinduismo ortodoxo y contiene abundante material mitológico.

Se suelen admitir hasta 18 puranas que son el resultado de dedicar 6 a cada uno de los tres grandes dioses: Brahma, Siva y Visnú.

Están escritos en verso aunque no responden a un esquema fijo.

El más importante de todos ellos es el Bhagavata Purana, también conocido como Srimad Bhagavata; así mismo destaca el Visnú Purana, el Siva Purana, el Agni Pu rana...

PÛRNÂVATÂRA

PÛRNÂVATÂRA: (Sánscrito). Una completa o perfecta manifestación de la segunda Persona de la Trimûrti; un avatâra que procede directamente de Vishnú.

(P. Hoult).

PURUCHOTTAMA

PURUCHOTTAMA: [Purusha-uttama] o Purushottama (Sánscrito). Literalmente: "el mejor de los hombres".

Metafísicamente, sin embargo, es el Espíritu, el Alma suprema del universo: un título de Vishnú.

[Espíritu supremo, Príncipe supremo; el más excelso de los seres; hombre o varón altísimo.]

PURUSHA
Dentro de la filosofía sankhya, es el espíritu en oposición a la materia o prakriti.

PURUSHA-NÂRÂYANA
(Sánscrito). Principio masculino primordial: Brahmâ.

PURUSHA-VYÂGRA
(Sánscrito). Literalmente: "tigre entre los hombres", título honorífico que significa: varón esclarecido, héroe, príncipe, etc.

PURUSHARCHABHA
(Sánscrito). El mejor de los hombres, varón excelso, príncipe.

PÛRVAJA
PÛRVAJA: (Sánscrito). "Pregenético"; lo mismo que el Protologos órfico; epíteto de Vishnú.

[El Espíritu viviente de la Naturaleza.

(Doctrina Secreta, II, 114).

En plural, los cuatro Prajâpatis; los antepasados.]

R

RADHA

RADHA: Amante favorita de Krisna, mientras vivió como boyero entre los pastores del Vrindavana.

Algunas ocasiones es asimilada a Laksmi y como tal se le rinde culto.

La encontramos en el poema Gita Govinda, como símbolo del alma humana atraída por la belleza del dios.

RÂHU

RÂHU: (Sánscrito). Un daitya (demonio) que tenía la parte inferior del cuerpo como la cola de un dragón.

Se hizo inmortal robando a los dioses cierta cantidad de Amrita (elixir de vida divina), para cuya obtención estaban ellos batiendo el océano de leche.

Impotente para privarle de su inmortalidad, Vishnú le desterró de la tierra, e hizo de él la constelación del Dragón, recibiendo su cabeza el nombre de Râhu y su cola el de Ketu, astronómicamente los nodos ascendente y descendente.

Desde entonces ha sostenido con su apéndice caudal una guerra destructora contra los delatores de su hurto, el sol y la luna, y (durante los eclipses) dícese que los devora.

Como se comprende, esta fábula tiene un significado místico y oculto.

[Râhu es el gran Dragón que trata siempre de devorar el sol y la luna (la causa de los eclipses).

Doctrina Secreta, III, 388.]

RAMA

RAMA: Séptima encarnación de Visnú, según la tradición hindú, cuyas acciones sirven de argumento al Ramayana.

Es el símbolo de la justicia, de la paciencia, de la fidelidad y de la cortesía.

RÂMATÂPANÎYOPANISHAD

RÂMATÂPANÎYOPANISHAD: (Sánscrito). Un Upanishad del Atharva-Veda, en que el héroe indo Râma es adorado como dios supremo.

RÂTRI O RÂTRÎ

RÂTRI O RÂTRÎ: (Sánscrito). La Noche [uno de los cuatro cuerpos de Brahmâ], el que tomó Brahmâ con el objeto de crear los râkchasas o pretendidos gigantes-demonios.

(Véase: (Los) Cuatro cuerpo de Brahmâ).

RIDDHI

RIDDHI: (Sánscrito). Perfección; prosperidad, abundancia, riqueza; poder mágico, extraordinario, sobrenatural.

Sobrenombre de Pârvatî.

Véase: Chhanda-riddhî-pâda y Chitta-riddhi-pâda.

ROHIT

ROHIT: (Sánscrito). Cierva. Forma asumida por Vâch (el Logos femenino y aspecto femenino de Brahmâ, que la creó de una mitad de su cuerpo), para huir de los requerimientos amorosos de su "padre", que para tal objeto se transformó en ciervo rojo, puesto que el color de Brahmâ es rojo.

[Rohit significa también rojo, y como substantivo, la hembra de algunos animales (yegua, gamo, antílope, etc.) del referido color.]

RUDRA

RUDRA: Nombre que se da en el Rigveda al dios Siva, que es presentado por los himnos védicos como terrible y destructor.

Se le considera en un principio una figura secundaria a la que sólo se dedican tres himnos completos.

Sin embargo tiene una notable importancia desde el momento en que es la tercera persona de la trinidad hinduista, Siva.

Himno 43: "A Rudra, previsor, el muy generoso, el más fuerte, que podamos decir que sea grato a su corazón.

Que Aditi procure en consecuencia a nuestro ganado, a nuestros hombres, a nuestra vaca. (que Aditi procure) en consecuencia a nuestra descendencia el poder que emana de Rudra. Que Mitra, Varuna, que Rudra nos preste atención en consecuencia,

que todos (los dioses) en consecuencia (nos presten) atención unánimemente.

Al señor de la estroga, al señor del sacrificio, Rudra de remedios saludables, le imploramos este su favor y salvación."

RUDRAS

RUDRAS: (Sánscrito). Los "poderosos"; los señores de los tres mundos superiores.

Una de las clases de espíritus "caídos" o que se encarnan.

Todos ellos nacieron de Brahmâ [según el Vichnu-Purâna, mientras que en otras partes leemos que los once Rudras son hijos de Kazyapa y Surabhi.

En la Doctrina Secreta se dice que los Rudras son hijos de Rudra; y constituyen las siete manifestaciones de Rudra-Shiva, el dios destructor y también el gran Yoguî y asceta (II, 173).

Son unos semidioses inmensamente poderosos y tienen que nacer en cada edad, esto es, se reencarnan en cada manvantara (II, 242), con un nombre distinto en cada "período" (II, 651).

La mitad de ellos son brillantes y benévolos, y los demás son negros y feroces.

Su número es de once y se llaman: Ajaikapâd, Ahivradhana, Aparâjita, Virûpâkcha, Surezvara, Jayanta, Bahurûpa, Tryambaka, Savitra, Hara y Rudra.

Se los ha designado también con la denominación de los "diez alientos vitales (prana), con el corazón (manas) como undécimo" (II, 578).

Otros autores dicen que los Rudras personifican las once distinciones de Shiva (sabiduría, bondad, poder, valor, justicia, verdad, etc.).

El jefe de todos ellos es Hara o Zañjkara, que es el mismo Shiva.

(Véase: Bhagavad-Gîtâ, X, 23).

En el Rig-Veda los Rudras son identificados con los Maruts, aunque bajo otro aspecto, viniendo a ser personificaciones de los vientos, y teniendo relación con los vientos y las tempestades.

De ahí su nombre, que significa "lloradores" o "gemidores", de la raíz rud (llorar, gemir) y hace alusión al rumor del viento.]

S

SACCIDANANDA

SACCIDANANDA: Palabra sánscrita que puede traducirse por "Ser-conciencia-beatitud" y que en el hinduismo se emplea como calificación a la vez de la realidad suprema y del sujeto que ha conseguido realizar su identidad con el Absoluto.

SADHANA

SADHANA: Para los seguidores del hinduismo es la realización práctica por la que un discípulo se encuentra bajo el control de un gurú en búsqueda de una realización determinada.

En el yoga tántrico comporta un cierto número de ritos y ejercicios de meditación para alcanzar la unión completa de todos los aspectos dinámicos del individuo y de la divinidad, de la sakti y de Siva.

SÂDHYA

SÂDHYA: (Sánscrito). Uno de los nombres de los "doce grandes dioses" creados por Brahmâ.

Dioses Kósmicos; literalmente: "sacrificadores divinos".

Los sadhyas desempeñan un importantísimo papel en ocultismo.

[Santo, puro, perfecto.

Los dioses kósmicos son una clase de divinidades inferiores que habitan el Bhuvar-loka, región intermedia entre el cielo y la tierra.

En las Leyes de Manú (III, 195) se dice que son descendientes de los Somasads, hijos de Virâj (el divino Principio masculino); mientras que, según los Purânas, son hijos de Dharma y Sâdhyâl hija de Dakcha.

Originariamente parecen haber sido personificaciones de los ritos y preces de los Vedas.]

SAKRIDÂGÂMIN

SAKRIDÂGÂMIN: (Sakradagamin) (Sánscrito). Literalmente: "El que recibirá nacimiento (sólo) una vez más" antes de alcanzar el Nirvâna; el que ha entrado en los senderos segundo y cuarto que conducen al Nirvâna y ha casi obtenido la perfección.

[Véase: Kutîchaka.]

SÂMA-VEDA

SÂMA-VEDA: (Védico). Literalmente: "La Escritura, o Zâstra, de la paz".

Uno de los cuatro Vedas.

["De los Vedas soy el Sâma-Veda" -dice el glorioso Krishna en el Bhagavad-Gîtâ (X, 22).

En efecto, el Sâmaveda es el principal de los cuatro libros de los Vedas, tenido en mucha estima por los brahmanes, por cuanto sus himnos fueron compuestos para ser cantados durante las ceremonias religiosas.

Es propiamente el Veda del canto en el más elevado sentido de la potencia de la música.

Véase: Vedas.]

SAMATHA

SAMATHA: (Sánscrito). Uno de los procesos en virtud de los cuales se extingue la pasión y se alcanza el conocimiento.

Consiste en atenuar la pasión llevando una vida sana y esforzándose continuamente en subyugar los sentidos.

(Olcott, Catec. Búd., 51, 52).

Véase: Vidarsama.

SAMAVEDA

SAMAVEDA: Segunda de las cuatro colecciones que forman los himnos védicos.

Su contenido consiste en una serie de poemas casi todos ellos tomados del Rigveda y dispuestos para el uso litúrgico.

Su título se deriva del termino "saman" (melodía), por tratarse de una especie de antología de poemas para cantar durante el sacrificio del soma.

Los versos van dirigidos a Indra y al soma.

SAMÎKCHA

SAMÎKCHA: (Sánscrito). Examen, inspección; circunspección; inteligencia; la naturaleza de una cosa; la materia pura, en el sistema sánkhya.

Un suplemento del Veda que trata de los modos del sacrificio.

SAMKHYA

SAMKHYA: Una de las seis escuelas tradicionales del hinduismo que aparece en el siglo V.

Describe el universo como una acumulación de innumerables almas, por una parte, y la naturaleza por otra.

Las almas están inmersas en la naturaleza y sometidas a un ciclo de metempsícosis hasta el momento en que logran la liberación.

El alma pasa por una serie de innumerables vidas y se encarna en las formas humanas, animales y de otro tipo.

Al igual que las demás escuelas indias tradicionales, el Samkhya afirma la destrucción y nueva creación periódica del universo, ya que la naturaleza se encuentra compuesta por tres cualidades en tensión o gunas: esencia o sattva; energía o rajas y masa o tamas.

El equilibrio entre estas tres cualidades es perturbado al final de cada período de caos, debido a que el karma de las almas así lo exige.

Al producirse la destrucción cósmica las almas tienen un tiempo de quietud hasta la nueva creación. La primera cualidad que predomina cuando se rompe el equilibrio es el sattva, la esencia, que se encarga de actuar en el proceso de interacción evolutivo que permite la aparición de formas mentales, las que cada vez más refinadas provocan la acción de las otras dos cualidades que dan por resultado la formación de objetos materiales.

SAMPRAJÑÂTA-SAMÂDHI

SAMPRAJÑÂTA-SAMÂDHI: (Sánscrito). Contemplación consciente.

Es aquella clase de Samâdhi en que, si bien la mente se halla libre de transformaciones, es consciente de aquello con que se identifica, y por esta razón este Samâdhi se llama consciente o "con semilla" (sabîja).

En tal estado la mente está en reposo tan sólo temporalmente, de modo que no está por completo absorbida en el Espíritu.

Es un estado inferior al del asamprajñâta-Samâdhi.

(Manilal Dvivedi).

Véase: Samâdhi y Asamprajñata-Samâdhi.

SAMVRITISATYA

SAMVRITISATYA: (Sánscrito). La verdad mezclada con falsos conceptos (samvriti); el reverso de la verdad absoluta o Paramârthasatya, autoconciencia en la absoluta verdad o realidad.

[Véase: Paramârthasatya.]

SAMYAMANÎ

SAMYAMANÎ: (Sánscrito). La región del cuerpo llamada Yama-loka, o Región de la Muerte, situada cerca del oído derecho (la sien o región temporal), así denominada porque una leve lesión recibida en ella puede causar la muerte.

(Uttara-Gîtâ, II, 21).

SANGHAI-DAG-PO

SANGHAI-DAG-PO: (Tibet). El "Señor oculto"; calificativo de aquellos que se han absorbido e identificado con lo Absoluto. Este término se aplica a los "nirvânis" y a los "jîvanmuktas".

SANHÂRA O SAMHÂRA

SANHÂRA O SAMHÂRA: (Sánscrito). Concentración, contracción; colección; compendio; reabsorción; disolución; conclusión; destrucción; fin; confusión.

Una de las divisiones del infierno.

SÂNKHYA-KÂRIKÂ

SÂNKHYA-KÂRIKÂ: (Sánscrito). Una obra que contiene los aforismos de la escuela de filosofía sânkhya de Kapila.

[Esta colección de 72 aforismos, compuestos por Îzvara Krishna, es el libro texto de la susodicha escuela.

Hay varios comentarios de esta obra, los más importantes de los cuales son: el Sânkhya-Bhâchya de Gaupada, el Sânkhya Chandrika de Narayana Tirtha, el Tattva Kaumudi de Bhachaspati Mizra, y el Sânkhya Kaumudi de Râma Krishna Bhattâchârya.]

SANKHYA

SANKHYA: Escuela hindú creada por un tal Kapila, que admite en sentido dualista la coexistencia de los principios increados, el espíritu al que llaman rurusha y la materia o prakiti que viene a ser la envoltura de aquel.

SANNAYASIN

SANNAYASIN: Entre los hindúes es el persona que ha iniciado su última etapa del ideal ascético hindú.

Es el renunciante que ha entrado en el último de los cuatro asramas o estados de vida, renunciando de una vez para siempre a cumplir los ritos prescritos en las etapas precedentes.

SANNYÂSA

SANNYÂSA: (Sánscrito). Esya palabra es sinónima de Tyâga.

Las dos significan: renuncia, abandono, dejación.

Pero propiamente, sanyâsa se aplica a la renuncia o abandono de la acción, a la abstención de obrar tratándose de actos relacionados con el deseo.

(Bhagavad-Gîtâ, XVIII, 2).

Véase: Tyâga.

SANNYÂSÎ O SANNYÂSIN

SANNYÂSÎ O SANNYÂSIN: (Sánscrito). [Literalmente: "renunciador".] Asceta indo que ha obtenido el más elevado conocimiento místico; cuya mente está fija sólo en la verdad suprema, y que ha renunciado por completo a todo lo mundano y lo terreno.

[Sannyâsî es el asceta que practica la renuncia, esto es: vive en el retiro y renuncia a todos los actos y a todos los goces del mundo para consagrarse exclusivamente a la contemplación y al conocimiento espiritual.

Véase: Âzrama.]

SAÑJAYA

SAÑJAYA: (Sánscrito). Cochero (sûta) del rey Dhritarâchtra.

Desempeña el papel de relator en el sagrado poema Bhagavad-Gîtâ.

Dotado, por especial favor del sabio Vyasa, del don de percepción celeste, pudo enterarse del interesante coloquio entre el bendito Krishna y el príncipe Arjuna, así como de los más minuciosos detalles de la pelea, de todo lo cual informa luego al ciego rey.

SAPTARCHI

SAPTARCHI: (Sapta-richi) (Sánscrito). Los siete Richis.

Como estrellas, forman la constelación de la Osa Mayor, y como tales, han recibido el nombre de Rikcha y Chitra-zikhandinas, de brillante penacho.

[En plural, saptarchis, o propiamente saptarchayas, son los siete principales Richis, llamados Atri, Angiras, Kratu, Pulastya, Pulaha, Marîchi y Vazichtha.

Los siete Richis marcan el tiempo y la duración de los sucesos en nuestro ciclo de vida planetario.

Son tan misteriosos como sus supuestas esposas, las Pléyades o Kritti-kâs (Doctrina Secreta, II, 579).

-Con el nombre de Saptarchi o Saptarikcha desígnanse también las siete estrellas de la Osa Mayor.

-Véase: Ambâ.]

SARASVATÎ

SARASVATÎ: (Sánscrito). Lo mismo que Vâch, esposa e hija de Brahmâ, producida de una de los dos mitades de su cuerpo.

Es la diosa del lenguaje, así como de la Sabiduría y del Conocimiento sagrado o esotérico.

También se la designa con el nombre de Zrî. [Sarasvatî o Saraswatî, esposa de Brahmâ, es la diosa del lenguaje, y además una de la divinidades del sacrificio.

Dicha palabra significa también río en general, y en particular el río Saraswatî, actualmente llamado Sarsûti, cuyas aguas se pierden en las arenas del desierto, al E. de Delhi.]

SAVANA

SAVANA: (Sánscrito). Extracción del soma; este mismo jugo y su libación; sacrificio; generación.

Los tres savanas (trichavana) son los tres tiempos del día (mañana, mediodía y noche).

Véase: Trichavana.

SHIVA

SHIVA: (Siva o Shiva) (Sánscrito). Tercera persona de la Trimûrti o Trinidad inda.

Es un dios de primer orden, y en su carácter de Destructor es más elevado que Vishnú, el Conservador, puesto que destruye sólo para regenerar en un plano superior.

Nace como Rudra, el Kumâra, y es el patrón de todos los Yoguîs, siendo llamado, como tal, Mahâ Yoguî, el grande asceta.

Sus títulos son expresivos: Trilochana "el de tres ojos", Mahâdeva "gran dios", Zankara y otros muchos más.

[Véase: Zankara, Shiva-Rudra, Mahezvara, Trimûrti, Linga, etc.]

SIVA

SIVA: Tercer componente de la gran tríada hindú, con Brahma y Visnú.

Renovador y modificador por excelencia, ostenta la supremacía divina en el corazón de numerosos hindúes.

Se suele presentar en dos aspectos contradictorios, destrucción y reproducción.

SKANDA

SKANDA: (Sánscrito). Llamado también Kârttikeya; segundo hijo de Shiva; es el dios correspondiente a nuestro planta Marte, y por lo mismo, el dios de la guerra y caudillo de las huestes celestiales.

Es uno de los Kumâras.

(Véase: Kârttikeya, Kumâra y Kumâras).

SMARTAS

SMARTAS: Seguidores de un tipo de hinduismo relativamente no sectario, aunque un tanto inclinado hacia el sainismo.

SMRITI

SMRITI: Canon auxiliar del hinduismo ortodoxo que sirve como complemento del Veda y que incluye todos los textos que no son los Vedas.

Incluye los puranas, poemas (itihasa) y los textos legales (Manu, Dharma).

No sólo establecía las normas para la vida social, sino que contenía todo un tesoro de instrucciones mitológicas y espirituales al alcance de las clases inferiores que no tenían acceso al Veda.

La Smriti o Smrti comprende:

A. Darsana, "Punto de Vista" o "ángulo visual", son los diversos puntos de vista filosóficos desde los que se puede examinar la doctrina.

Son seis:

1. Nyaya o Lógica, examina los medios legítimos para alcanzar el conocimiento de las cosas. Su texto básico es el Nyaya-sutra.

2. Vaisesika o conocimiento distintivo, es un pluralismo atomístico realista. Atiende al conocimiento de las cosas tal como éstas son en sí y procede a establecer una clasificación de las mismas.

3. Samkhya o enumeración, que conecta con la esfera de la naturaleza, pero considera la manifestación universal partiendo de los

Principios que determinan su producción.

4. Yoga o unión, que adopta los presupuestos filosóficos o metafísicos del Samkhya, pero procede más allá de la polaridad fundamental de purusa y prakrti.Su texto fundamental es el Yoga-sufra.

5. Purva Mimamsa o Karma Mlmamsa, es el darsana del ritual. Un profundo estudio de los Vedas encaminado a determinar el verdadero significado, el sentido exacto de la Sruti.

6. Uttara Mimamsa o Vedanta, es el fin de los Vedas. La doctrina metafísica por excelencia. Su temática es la búsqueda de lo Absoluto en cuanto Realidad última

B. Vedanza, término aplicado a algunas ciencias auxiliares de los Vedas. Los tratados fundamentales referidos a estas ciencias son seis:

1. Siksa, ciencia de la correcta pronunciación y del valor simbólico ideográfico de las letras.

2. Chandas, conocimiento de los diversos metros en relación con las modalidades del orden cósmico.

3. Vyakarana, la gramática.

4. Nirukta, la explicación de los términos importantes o difíciles.

5. Jyotisa, comprende juntas la astronomía y la astrología tradicional.

6. Kalpa, es el conjunto de las regla que se ocupan de la ejecución de los sacrificios.C. Upaveda, conocimientos secundarios, aunque basados en fundamentos rigurosamente tradicionales.

Son cuatro en relación con los cuatro Vedas.

1. Ayur veda, ciencia médica, referida al Rig Veda.

2. Dhammur-veda, ciencia militar referida al Yajur-veda.

3. Gandharva-veda, la música, referida al Sama-veda.

4. Shatapatya-veda, la mecánica y la arquitectura, referidas al Atharva-veda.

D, Purana, antiguas narraciones de contenido mitológico que tratan de la creación del universo, de los ciclos cósmicos...Los más importantes están destinados a Visnú y a Siva.

E. Itihasa, poemas épicos, entendido sacramente hablando. Son: Itihasa, el Ramayana y el Mahabarata.

F. Dharma sástra, tratado que contiene la Ley cósmica y su aplicación o interpretación.

G. Agama-sástra, tratado fundado en las Escrituras que posee la calificación de texto autorizado para la interpretación de la Sruti.

SOMA-BEBIDA

SOMA-BEBIDA: Preparada con una rara planta montañesa [Asclepias ácida, o Sarcostema viminalis, según otros] por los brahmanes iniciados.

Esta bebida sagrada de la India corresponde a la ambrosía o néctar de los griegos que bebían los dioses del Olimpo.

En la iniciación de Eleusis los mystes bebían también una taza de Kykeón.

Quien bebe dicho licor alcanza fácilmente Bradhna o el lugar de esplendor (el cielo).

El Soma conocido de los europeos no es la genuina bebida, sino su sustituto, puesto que únicamente los sacerdotes iniciados pueden gustar el verdadero Soma, y hasta los mismos reyes y râjas, al practicar un sacrificio, reciben el sustituto de tal bebida.

Haug, según su propia confesión, en su Aitareya Brâhmana, manifiesta que no era el Soma lo que él probó y encontró nauseabundo, sino el zumo extraído de las raíces del Nyagradha, planta o arbusto que crece en los collados de Poona.

Se nos ha informado positivamente que la mayor parte de los sacerdotes sacrificiales del Dekhan han perdido el secreto del verdadero Soma.

No se le puede encontrar ni en los libros rituales ni por medio de la información oral.

Los verdadero secuaces de la primitiva religión védica son escasos, y son éstos los supuestos descendientes de los Richis, los reales Agnihotris, los iniciados de los grandes Misterios.

La sagrada bebida es conmemorada también en el Panteón indo, puesto que se la denomina Soma-rey.

A aquel que bebe de ella se le hace participar del reino celeste; queda lleno de su esencia, de igual modo que los apóstoles cristianos y sus conversos quedaron llenos del Espíritu Santo y limpios de sus pecados.

El Soma hace del iniciado un nuevo hombre; renace y se transforma, y su naturaleza espiritual vence a la física; concede el divino poder de la inspiración y desarrolla hasta lo sumo la facultad de clarividencia.

Según la explicación exotérica, el Soma es una planta, pero al mismo tiempo es un ángel.

Une fuertemente el "espíritu" superior, interno del hombre, cuyo espíritu es un ángel como el místico Soma, con su "alma irracional", o cuerpo astral, y así unidos gracias al poder de la mágica bebida, se remontan juntos por encima de la naturaleza física y participan, durante la vida, de la beatitud y de las inefables glorias del cielo.

Así el Soma indo es místicamente y bajo todos conceptos lo mismo que la cena eucarística es para los cristianos.

La idea es idéntica. En virtud de las preces sacrificiales -mantras- supónese que tal licor se transforma inmediatamente en el verdadero Soma, o ángel, y aun en el mismo Brahmâ.

Algunos misioneros se han expresado con grande indignación acerca de esta ceremonia, y mucho más al ver que los brahmanes emplean generalmente una especie de licor espirituoso como sustituto.

Pero ¿acaso los cristianos creen menos fervientemente en la transubstanciación del vino común en la sangre de Cristo porque este vino resulte ser más o menos espirituoso? ¿No es la misma la idea del símbolo relacionado con ello? Pero dicen los misioneros que esta hora del Soma bebida es la hora de oro de Satán, que acecha en el fondo de la taza sacrificial inda.

(Isis sin velo).

[Hay una planta cuyo jugo fermentado enardece el ánimo del hombre y llena de nuevo vigor su cuerpo; este licor, llamado Soma, es sagrado en todos los pueblos arios.

El dios Agni reside en él; en él está presente, aunque invisible, según afirman, como un dogma, los poetas védicos.

El vaso o cáliz que lo contiene encierra, pues, la sangre de la víctima inmolada.

En la ceremonia del alimento sólido se halla representado por una composición de harina y manteca, en la cual está presente el mismo Agni.

Los sacerdotes, y después de éstos los convidados al banquete divino, participaban del festín sagrado, en el cual cada uno recibía su parte de la hostia, y la comían como un manjar escogido.

El efecto moral de esta comunión era extraordinario, puesto que siendo Agni la vida y el pensamiento, aquellos en quienes se incorpora se hacen partícipes de una misma vida y de un mismo pensamiento, hermanos por la carne y por el espíritu.

(Burnouf, La Ciencia de las Religiones, 223-225).

Además de las acepciones de la luna, o dios de la luna, y otras expuestas, la voz Soma significa también: savia, cielo, atmósfera, etc.

Véase: Eucaristía, Pan y Vino, etc.

Véase asimismo la erudita obra de E. Sanchez Calvo: Los Nombres de los Dioses, págs. 392-395.]

SOMA

SOMA: Palabra sánscrita que designa en el Veda a la bebida embriagadora obtenida por el prensado de una planta, que era el bebedizo preferido de los dioses, el elixir de la inmortalidad,la ambrosía.

En el Avesta aparece con el nombre haoma.

Posee un origen celestial y por eso y por tener la facultad de conferir la inmortalidad se llama a veces "padre de los dioses". Cuenta con numerosos himnos en el Veda, ocupando la tercera plaza por detrás de Indra y Agni.

Himno 713 :

"Fluye resplandeciente con la corriente más dulce, más embriagadora, oh Soma, (tú que has ido) prensado para que Indra te beba.

(El Soma) que destruye los demonios, que vive entre todos los hombres, (se dirige) hacia su fuente natal formada por el hierro, de madera; se ha instalado en su sede.

Se, oh Soma, el principal dador de ancho espacio, el más generoso, el supremo matador de Vrtra; estimula la oblación de los (patronos) generosos.

Fluye hacia la comida ritual de los grandes dioses con tu savia para proporcionar botín, renombre.

Hacia ti nos encaminamos (tú que eres) nuestra meta día a día; Oh jugo del Soma, en ti(están puestas) nuestras esperanzas.

La hija del sol purifica el Soma que fluye en derredor mediante el filtro de pelos de oveja, ininterrumpidamente.

Las diez tiernas mujeres lo toman en la asamblea ritual,

las (diez) hermanas en el punto extremo del cielo.

Esas vírgenes lo hacen fluir, hacen resonar, soplando, la gaita.

Hacen salir el licor triplemente protector.

Las vacas, las vacas productoras de leche mediante la mezcla de leche ponen a punto a esa criatura, al Soma, para que Indra lo beba.

Ladra golpea a todos los enemigos en la embriaguez de este Soma, y este héroe imparte su generosidad".

SOMADATTA

SOMADATTA: (Sánscrito). Nombre de un rey de los bâkîkas, que habitaban el país situado entre el Sutlej y el Indo.

El hijo de este rey, llamado Saumadatti, era aliado de los Kuravas.

(Bhagavad-Gîtâ, I, 8).

SOMANÂTHA

SOMANÂTHA: (Sánscrito). Literalmente: "Señor de la Luna".

Nombre de un famoso lingam o emblema de Shiva, erigido en la ciudad de Somnât Pattan, en Gujerat.

(Dowson, Dicc. Clásico indo).

SOMAPA

SOMAPA: (Sánscrito). Una clase de pitris lunares.

Véase: Trisuparna.

[Literalmente, somapa significa: "bebedor de Soma" que ofrece el sacrificio; sacerdote, brahmán.]

SRI

SRI: Es uno de los títulos de la consorte de Visnú, "belleza" o "fortuna".

Ver Lakshimi.

STHÂVARA

STHÂVARA: (Sánscrito). De sthâ, estar o permanecer inmóvil.

Término aplicado a todo objeto consciente, senciente, privado del poder de locomoción, fijo o arraigado como los árboles y las plantas; mientras que todos los seres sencientes, que añaden el movimiento a cierto grado de conciencia, son denominados jangama, de gam, ir, moverse, etc.

[Sthâvara significa también: duradero, permanente, establece, inanimado; vegetal, montaña, etc.]

STHÛLOPÂDHI

STHÛLOPÂDHI: [Sthûla-upâdhi] (Sánscrito). Un "principio" que corresponde a la tríada inferior del hombre; esto es: el cuerpo, la forma astral y la vida, en el sistema Târaka Râja Yoga, que enumera sólo tres principios principales en el hombre.

El Sthûlopâdhi corresponde al estado de jâgrat, o estado consciente de vigilia.

SUBSTANCIA Y MATERIA

SUBSTANCIA Y MATERIA: Frecuentemente se usan como sinónimos estos dos términos.

Para evitar confusiones, la palabra materia debería aplicarse al agregado de objetos de posible percepción, y la palabra substancia, a los nóumenos.

(Doctrina Secreta, I, 350).

Así llamaremos Materia a la que corresponde a los planos o modos inferiores a Anupâdaka, reservando el término substancia para los planos Adi y Anupâdaka.

(M. Treviño, Metaquímica).

SUDHÂ

SUDHÂ: (Sánscrito). Alimento de los dioses, análogo al amrita, substancia que confiere la inmortalidad.

[El agua del Ganges; el néctar de las flores.]

SURABHI

SURABHI: (Sánscrito). La "Vaca de la abundancia"; una creación fabulosa; una de las catorce cosas preciosas producidas por el océano de leche cuando lo mazaron los dioses [para extraer el amrita.] La vaca en cuestión concede todo cuanto apetece su posesor.

[Véase: Kâma-dhu o Kâma-dhenu y Nandinî.]

SURAS

SURAS: (Sánscrito). Término general para designar los dioses; lo mismo que devas; lo contrario de a-suras o "no dioses".

[Una clase de devas inferiores, relacionados al parecer, con el sol, elementales benéficos.

El príncipe de estos dioses es Indra.

Véase: Asuras.]

SÛRYA

SÛRYA: (Sánscrito). El Sol adorado en los Vedas. Hijo de Aditi (Espacio), madre de los dioses.

Esposo de Sañjñâ (la conciencia espiritual).

El gran dios a quien Vizvakarman, su suegro, el creador de los dioses y de los hombres, y su "carpintero", crucifica en un torno, y cortando la octava parte de sus rayos, priva su cabeza de su esplendor, creando en torno de ella una aureola obscura.

Esto es un misterio de la última iniciación y una representación alegórica de la misma.

[Se le designa con numerosos epítetos, tales como Dina-kara (Hacedor del día), Arha-pati (Señor del día), Loka chakchus (Ojo del mundo), Karma-Sakchî (Testigo de los actos de los hombres), Sahasra-Kirana (Provisto de mil rayos), Graha-râja (Rey de las constelaciones), etc., etc.)]

SVADHÂ

SVADHÂ: (Sánscrito). Oblación; alegóricamente llamada "esposa de los Pitris", los Agnichvattas y Barhichads. [Ofrenda de bebida o de alimento a los manes de los antepasados.]

SVÂHÂ

SVÂHÂ: (Sánscrito). Una exclamación usual que significa: "Sea para siempre", o más bien: "Así sea".

Cuando se emplea en los sacrificios a los antepasados (Brahmánicos), significa: "¡Sea la raza perpetuada!".

SVAPNA

SVAPNA: (Sánscrito). Un estado de éxtasis o ensueño.

Clarividencia.

Véase: Jâgrat y Suchupti.

[Uno de los tres estados de conciencia: estado de sueño.]

SVAYAMBHÛ

SVAYAMBHÛ: (Sánscrito). Término metafísico y filosófico que significa "el que se produce espontáneamente a sí mismo", o "el ser que existe por sí mismo".

Un epíteto de Brahmâ. Svayambhuva es también el nombre del primer Manú.

[Svayambhû es el Espíritu universal.

(Doctrina Secreta, I, 83).]

T

TAD-AIKYA

TAD-AIKYA: (Sánscrito). "Unidad"; identificación o unidad con lo Absoluto.

La Esencia universal incogniscible (Parabrahman) no tiene nombre en los Vedas, pero se alude a ella con la designación del Tad [Tat]. "Aquello".

TAITTIRIYA

TAITTIRIYA: Texto muy breve perteneciente a los Upanisades, que toma su nombre de la escuela del Yajurveda.

Recoge las enseñanzas de Varuna a su hijo Bhrigu.

Este, en virtud de la práctica de la austeridad, llega a entender que el aspecto supremo de Brahman es la bienaventuranza.

TAMAS

TAMAS: Una de las tres cualidades de la materia según la escuela samkhya.

TAT TVAN ASI

TAT TVAN ASI: El más famoso texto de autoidentificación de los Upanisades: "Eso eres tú".

En este texto se resumen las enseñanzas de Uddalaka a su hijo Svetaketu, asi como la esencia auténtica del Universo y su identificación con la de la persona.

TATTVA

TATTVA: [Tattva o Tatwa] (Sánscrito). "Aquello" eternamente existente, y también los diferentes principios de la Naturaleza, en su significado oculto.

Tattva Samâsa es una obra de filosofía sânkhya atribuída al mismo Kapila.

Igualmente se da el nombre de Tattva a los abstractos principios de existencia o categorías, físicas y metafísicas.

Los elementos sutiles -cinco exotéricamente, siete en la filosofía esotérica-, que son correlativos con los cinco y los siete sentidos en el plano físico; los dos últimos sentidos están todavía latentes en el hombre, pero serán desarrollados en las dos últimas razas-madres.

[Véase: Sentidos.] -[En su famosa obra Las Fuerzas sutiles de la Naturaleza, dice su autor: Los Tattvas son las cinco modificaciones del Gran Aliento.

Obrando sobre la naturaleza material (Prakriti) el Gran Aliento la pone en cinco estados, en los cuales tiene distintos movimientos vibratorios y ejecuta diferentes funciones.

El primer resultado del estado evolutivo del Parabrahman es el Tattva del Eter (Akâza Tattva).

Después de éste, vienen por orden de sucesión, el Tattva del Aire (Vâyu Tattva), el del Fuego (Tejas Tattva), el del Agua (Apas Tattva) y el de la Tierra (Prithivî Tattva).

Son también conocidos con el nombre de Grandes Elementos (Mahâbhûtas).

En el Glosario de la obra citada Râma Prasâd expone los diversos significados de la voz Tattva: 1) Un modo de movimiento; 2) El impulso central que mantiene a la materia en cierto estado vibratorio; 3) Una distinta forma de vibración.

El Gran Aliento da al Prakriti cinco clases de extensión elemental.

La primera y más importante de ellas es el Akâza Tattva; las cuatro restantes son el Prithivî, Vâyu, Apas y Agni o Tejas.

Cada forma y movimiento es una manifestación de estos Tattvas, aisladamente o en conjunción, según los casos.

Pero el autor de Las Fuerzas Sutiles, obra basada en el famoso Zivâgama de carácter tántrico, expone sólo cinco Tattvas en lugar de los siete de las enseñanzas esotéricas.

Siendo los Tattvas simplemente el substrato de las siete fuerzas de la Naturaleza, ¿cómo se explica eso? Hay siete formas de Prakriti, como enseñan el Vishnú-Purâna, el Sânkhya de Kapila y otras obras.

Prakriti es la Naturaleza, la Materia (primordial y elemental); de consiguiente, la lógica requiere que los Tattvas sean también siete.

Porque, ora sea que los Tattvas signifiquen "fuerzas de la Naturaleza", como enseña el Ocultismo, o que, como explica Râma Prasâd, dicha palabra signifique "la substancia de la cual está formado el universo" y "el poder mediante el cual está sostenido", todo es uno; ellos son Fuerza, Purusha, y Materia, Prakriti.

Y si las formas o más bien planos de la última son siete, sus fuerzas deben ser siete también.

Por consiguiente, en esoterismo, además de los cinco Tattvas conocidos, o inferiores, se admiten otros dos más elevados, que son:

1) el Adi Tattva, la Fuerza primordial universal emanada del eterno e inmutable SAT. Corresponde a la Envoltura áurea o Huevo de Brahmâ, que rodea a cada globo, así como a todo ser; es el vehículo que contiene potencialmente todas las cosas (Espíritu y Substancia, Fuerza y Materia), y

2), el Anupâdaka Tattva, la primera diferenciación en el plano del ser, o lo que nace por transformación de algo más elevado que él mismo. Entre los ocultistas, esta Fuerza procede del segundo Logos (Doctrina Secreta, III, 498).

Los cinco Tattvas inferiores corresponden a los cinco sentidos actuales, dando origen a las sensaciones del oído, tacto, vista, gusto y olfato.

Así, el Akaza Tattva, Tattva del Eter o Eter sonorífero, corresponde al oído; el Vâyu Tattva, Tattva del Aire o Eter tactífero, al tacto; el Tejas o Agni Tattva, del Fuego o Eter luminífero, a la vista; el Apas Tattva, Tattva del Agua o Eter gustífero, al gusto, y el Prithivî Tattva, Tattva de la Tierra o Eter odorífero, al olfato.

En la filosofía sânkhya se da el nombre de Tattvas a los 25 principios que integran todo ser, siendo 23 de ellos productos derivados del Prakriti, a saber: Buddhi o Mahat, Ahankâra, Manas, los diez Indriyas, los cinco Tanmâtras o elementos sutiles, y los cinco Mahâbhûtas, elementos groseros o compuestos, siendo los dos restantes el Prakriti y el Purusha o Espíritu individual.

La voz Tattva tiene además las siguientes acepciones: esencia, principio, realidad, verdadera naturaleza de las cosas, verdad, la Esencia suprema, la Realidad absoluta (Brahma); primer principio o elemento fundamental.

Para más detalles, véase: Râma Prasâd, Las Fuerzas sutiles de la Naturaleza y Doctrina Secreta, III, 497 y siguientes.]

TIRYAKSROTA

TIRYAKSROTA: (Sánscrito). De tyriak, torcido, y srotas "conducto" (digestivo).

Nombre de la "creación" que Brahmâ hizo de hombres o seres, cuyo estómago, por razón de su posición erecta como bípedos, estaba en una posición horizontal.

Esta es una invención purânica, ausente en Ocultismo.

TITIKCHÂ

TITIKCHÂ: (Sánscrito). Literalmente: "Paciencia que sufre largo tiempo [paciencia, resignación, renuncia].

Titikchâ, hija de Dakcha y esposa de Dharma (la Ley divina), es su personificación.

[Extinción del deseo, acompañada de una disposición constante para renunciar a todas las cosas de este mundo.

La demostración típica de esto es la falta de resentimiento por nuestros agravios.

Cuando se ha alcanzado por completo esta cualidad, sobreviene en la mente una perpetua primavera de alegría que borra toda huella de ansiedad e inquietud.

(El Hombre; Fragmentos de una verdad olvidada, pág. 239).

Es uno de los atributos mentales que se requieren antes de que el neófito pueda entrar en el Sendero propiamente dicho (del Discipulado).

Véase: Sendero Probatorio.

TRAILOKYA O TRILOKYA

TRAILOKYA O TRILOKYA: [o Tri-lokî] (Sánscrito). Literalmente: Las "tres regiones" o los tres mundos, [el triple mundo o el conjunto de los tres mundos]; la tríada complementaria del brahmánico cuaternario de mundos denominado Bhuvanatraya.

El budista laico profano menciona sólo tres divisiones de cada mundo, mientras que el brahmán no iniciado sostendrá que tales divisiones son cuatro.

Las cuatro divisiones de este último son puramente físicas y perceptibles por los sentidos, así como la trailoka del budista son puramente espirituales y éticas.

La división brahmánica puede encontrarse plenamente descrita bajo el título de Vyâhritis, siendo la diferencia por ahora suficientemente expuesta en el paralelo que sigue:

Todos éstos son los mundos de los estados post mortem.

Por ejemplo, Kâmaloka o Kâmadhâtu, la región de Mâra, es aquel que los cabalistas medievales y modernos denominan "mundo de la luz astral" y "mundo de cascarones".

El Kâmaloka, lo mismo que toda otra región, tiene sus siete divisiones, la inferior de las cuales empieza sobre la tierra, o invisiblemente en su atmósfera; las seis restantes ascienden gradualmente, siendo la superior la mansión de aquellos que han muerto a causa de un accidente o de suicidio en un arrebato de locura pasajera, o que fueron de otra manera víctima de fuerzas exteriores.

Es un lugar en donde todos aquellos que han muerto antes del fin del término señalado para ellos, y cuyos principios superiores, por lo tanto, no van en seguida al estado Devachánico, sueñan un dulce sueño de olvido sin ensueños al término del cual, o renacen ellos inmediatamente, o pasan por grados al estado devachánico.

Rûpadhâtu es el mundo celestial de forma, o lo que nosotros llamamos Devachán.

Entre los no iniciados brahmanes, chinos y otros budistas, el Rûpadhâtu está dividido en diez y ocho Brahmâ o Deva-lokas; la vida de un alma dura allí desde medio yuga hasta 16.000 yugas o Kalpas, y la estatua de las "sombras" es de media yojana hasta 16.000 yojanas (¡midiendo cada yojana de cinco y media a diez millas!), y tales desatinos teológicos como éste procedieron de cerebros sacerdotales.

Pero la Filosofía esotérica enseña que si bien para los Egos, de momento, cada cosa o cada uno conserva su forma (como en un ensueño), sin embargo, como Rûpadhâtu es una región puramente mental y un estado, los Egos mismos no tienen forma fuera de su propia conciencia.

El Esoterismo divide esta "región" en siete Dhyânas, "regiones" o estados de contemplación, que no son localidades, sino representaciones mentales de éstas.

Arûpadhâtu: esta "región" se divide a su vez en siete Dhyânas, aun más abstractas y sin forma, porque este "Mundo" carece de toda forma o deseo, cualquiera que sea.

Es la más elevada región del Trailokya después de la muerte; y como quiera que es la mansión de aquellos que se hallan casi dispuestos para el Nirvâna, y es en realidad el verdadero umbral del estado nirvánico, es lógico que en el Arûpadhâtu (o Arûpavachara) no puede haber forma ni sensación ni sentimiento alguno relacionado con nuestro Universo de tres dimensiones.

[Véase: Lokatraya.]

TRAIVIDYÂ

TRAIVIDYÂ: (Sánscrito). El conjunto de los tres Vedas más antiguos

(Rig-, Sâma- y Yajur-Veda; el Atharva-Veda es de origen posterior); el conocimiento de los tres Vedas.

(Véase: Trayî-Vidyâ).

TRAYIVIDYÂ

TRAYIVIDYÂ: (Sánscrito). El conjunto de los tres Vedas; el conocimiento de los tres Vedas.

Literalmente: "el triple conocimiento".

Así se designaban colectivamente los tres primeros Vedas.

(Véase: Traividyâ).

TRES CARAS

TRES CARAS: La Trimûrti [Trinidad] del Panteón indo; las tres personas de la Deidad Una. Dice el Libro de los Preceptos: "Hay dos Caras: una en Tuchîta (Devachán), y una en Myalba (la Tierra), y la Santa Altísima las une y finalmente absorbe las dos".

Tres cuerpos

(Los). Véase: Trikâya.

Tres guías (Los). Véase: Tisarana.

Tres gunas

(Los). El conjunto de los tres modos o cualidades del Prakriti (o naturaleza material). -Véase: Gunas y Triguna.

Tres mundos

(Los). Véase: Trailokya y Tribhuvana.

Tres preciosas gemas

(Las). Véase: Gemas.

Tres sagrado

El Triángulo sagrado, que precede al Dhâranâ. Cada grado de desarrollo está simbolizado en el Râja Yoga por una figura geométrica. (Voz del Silencio, I). -Véase: Triángulo.

Tres

(Los). Llamados "Senderos de Perfección". Son los tres siguientes: 1) Karma-mârga (o sendero de acción); 2) Jñâna-mârga (o sendero de conocimiento), y 3) Bhakti-mârga (o sendero de devoción). -Véase: Senderos de Perfección y cada uno de los tres términos antes expresados.

TRIGUNA

TRIGUNA: (Sánscrito). Las tres divisiones de las cualidades inherentes a la materia diferenciada, esto es, de pura quintaesencia (sattva), de actividad y deseo (rajas) y de paralización y decadencia (tamas), correspondientes a Vishnú, Brahmâ y Shiva.

(Véase: Trimûrti).

El conjunto de los tres modos o cualidades (gunas) de Prakriti.

(Véase: Gunas).

TRIMURTI

TRIMURTI: El hinduismo expresa con este término su concepto de Dios como entidad triple en las personas de Brahma, Visnú y Siva, creador, conservador y destructor del universo. respectivamente.

TRIVARGA

TRIVARGA: (Sánscrito). Literalmente: "el triple objeto" (de la vida) o "el triple bien": dharma (deber), artha (riqueza o interés) y Kâma (placer).

Dase también el nombre de trivarga a las tres condiciones, cualidades o propiedades de una cosa determinada.

TRIVIKRAMA

TRIVIKRAMA: (Sánscrito). Epíteto de Vishnú usado en el Rig-Veda con relación a los "tres pasos de Vishnú".

El primer paso lo dió en la tierra, en forma de Agni; el segundo en la atmósfera, en forma de Vâyu, dios del aire; y el tercero en el cielo, en forma de Sûrya, el sol.

TRYAMBAKA

TRYAMBAKA: (Sánscrito). Literalmente: "de tres ojos", o "que tiene tres esposas o hermanas". Epíteto de Shiva; uno de los Rudras; nombre de uno de los doce grandes lingas. (Dowson, Diccionario clásico indo).

U

UCHCHHAI(S)ZRAVAS

UCHCHHAI(S)ZRAVAS: (Uchchaih-Sravas) (Sánscrito). El caballo modelo; una de las catorce cosas preciosas o joyas producidas en el acto de batir los dioses el océano.

El caballo de Indra, llamado Râjâ (rey) de los caballos. [Literalmente: que tiene tiesas las orejas.

Véase: Bhagavad-Gîtâ, X, 27.]

UMÂ-KANYÂ

UMÂ-KANYÂ: (Sánscrito). Literalmente: "Virgen de Luz"; título que cuadra mal a su posesora, puesto que era el de Durgâ Kâlî, la diosa o aspecto femenino de Shiva.

Cada otoño se ofrecía a ella carne humana; y, como Durgâ, era la patrona de los en otro tiempo asesinos thugs de la India, y la diosa especial de la hechicería tântrika.

Pero en tiempos antiguos no era esto como ahora.

La primera mención del título "Umâ-Kanyâ" se encuentra en el Kena-Upanishad; en el que la actualmente Kâlî sedienta de sangre era una diosa benévola, un ser de luz y bondad, que efectúa la reconciliación entre Brahmâ y los dioses.

Ella es Sarasvatî y es Vâch.

En la simbología esotérica, Kâlî es el tipo dual del alma dual; la divina y la humana, el alma de luz y la de tinieblas -del hombre.

UPA-VEDAS

UPA-VEDAS: (Sánscrito). Vedas secundarios. Estas ciencias nada tienen que ver con los Vedas revelados; versan sobre medicina, arquitectura, ciencia militar, música y danza.

UPANISADES

UPANISADES: Textos que forman la última sección del Veda, escritos entre los años 800 y 400 antes de Cristo.

Representan el Vedanta, la última parte del Veda, y como tal su finalidad es la de ayudar a entender el significado profundo de las complicadas acciones rituales de la religión védica, tal y como se prescriben en los Brahmanas.

En los Upanisades aparece la doctrina de la reencarnación formulada por primera vez explícitamente y conforme a la tradición védica ortodoxa. Se atribuye una importancia excepcional al Yoga y a la contemplación.

Aunque se habla de más de cien libros, los fundamentales son trece:

— Brihadaranyaka, dedicado a la doctrina del Yo interior identificado con el Yo del universo.

— Chadogya, que expone la doctrina del infinito y de la liberación.

— Taittiiya, que recoge las enseñanzas de Varuna a su hijo Bhrigu, para que éste llegue a entender que el aspecto supremo de Brahma es la bienaventuranza.

— Kausitaki, que trata de la explicación de que Brahma es la realidad de la realidad.

— Kena, que exalta la figura de Indra.

— Isa, texto muy breve que expresa una postura panteísta

— Katha, el más unitario de todos

— Svetasvatara, relativamente tardío que tiene un acento teísta más fuerte y explícito.

— Mundaka, también teísta, que afirman que los que practican el yoga se situarán muy cerca de la persona suprema en la vida eterna.

— Mandukya, de acento monista.

— Aitareya, presenta la creación del mundo por el Yo, al que identifica con todo cuanto existe.

— Maitri, que expone ampliamente la doctrina del karma.

— Prasna, que culmina con la exposición del turiya o cuarto estado de conciencia.

V

VACA

VACA: En el hinduismo son venerados diversos animales, pero ninguno alcanza la importancia de la vaca.

Si bien en el período védico se sacrificaban, más tarde mientras iniciaba su andadura el Cristianismo comenzó la difusión de la prohibición de dar muerte a este animal bajo pena idéntica a la establecida para aquel que causaba la muerte de una persona de clase superior.

Este carácter dado a la vaca ha acentuado a lo largo de la historia del hinduismo las diferencias entre las castas, ya que aquellos que curten pieles o toman carne de toro son considerados impuros.

Si bien está prohibida su carne, son muy estimados los otros cinco productos que facilita, los pañchagaya: "leche, cuajada, manteca, orina y estiércol".

VÂCH

VÂCH: (Sánscrito). El llamar Vâch "lenguaje" sencillamente, es deficiente en claridad.

Vâch es la personificación mística del lenguaje, y el Logos femenino, siendo uno con Brahmâ, quien la creó de una mitad de su cuerpo, que él dividió en dos partes; ella es también uno con Virâj (llamada la "Virâj femenina"), que fue creada en ella por Brahmâ.

En un sentido Vâch es "lenguaje" mediante el cual el conocimiento fue enseñado al hombre; en otro sentido es el "lenguaje místico secreto" que desciende sobre los Richis primitivos y entra en ellos, como las lenguas de fuego que, según se dice, "se posaron sobre" los apóstoles.

Porque ella es llamada, "el creador femenino", la "madre de los Vedas", etc., etc.

Esotéricamente, es la subjetiva Fuerza creadora que, emanando de la Deidad creadora (el Universo objetivo, su "privación" o ideación) pasa a ser el manifestado "mundo del lenguaje", esto es, la expresión concreta de la ideación, y por consiguiente, la "Palabra" o Logos.

Vâch es el Adán "varón y hembra" del primer capítulo del Génesis, y así es denominado "Vâch-Virâj" por los sabios.

(Véase: Atharva-Veda).

Ella es asimismo "la celestial Sarasvatî producida de los cielos", "una voz derivada del Brahmâ sin habla".

(Mahâbhârata); la diosa de la sabiduría y elocuencia.

Por último, es llamada Sata-rûpa, la diosa de cien formas.

[Voz, lenguaje, elocución, sonido, el Logos, palabra, la palabra mística, el oculto poder de los mantras.

-Según se expresa en el Rig-Veda y en varios Upanishads, Vâch; la luz del Logos es la forma Madhyamâ, y el Logos mismo es la forma Pazyantî, mientras que Parabrahman es el aspecto del Parâ (esto es, más allá del Nóumeno y de todos los Nóumenos) de aquel Vâch.

(Doctrina Secreta, I, 465-466).

-Véase: Io e Isis.]

VÂHANA

VÂHANA: (Sánscrito). Un vehiculo, el portador de algo inmaterial y sin forma.

Todos los dioses y diosas son, por lo tanto, representados como utilizando vâhanas para manifestarse, y tales vehículos son siempre simbólicos.

Así, por ejemplo, Vishnú durante los pralayas, tiene Ananta "lo infinito" (el Espacio), simbolizado por la serpiente Zecha, y durante los manvantaras tiene a Garuda, el gigantesco medio hombre y medio águila, símbolo del gran ciclo; Brahma aparece como Brahmâ, descendiendo hasta los planos de diferenciación sobre Kâla-hamsa, el "cisne en tiempo o eternidad finita".

Shiva aparece como el toro Nandi; Osiris, como el sagrado toro Apis; Indra viaja montado en un elefante; Kârttikeya, en un pavo real; Kâmadeva, en Makâra, en otros tiempos un papagayo; Agni, el dios del Fuego universal (y también solar) que es, como son todos ellos, "un Fuego consumidor", se manifiesta como un carnero y un cordero, Ajâ, "el no nacido"; Varuna, como un pez, etc., etc.; mientras que el vehículo del Hombre es su cuerpo.

[Vahâna: vehículo, carro, caballo, etc.; sinónimo de upâdhi.]

VAICHNAVA

VAICHNAVA: (Vaishnava) o Vichnuíta (Sánscrito). Prosélito de alguna secta que reconoce y adora a Vishnú como a único Dios supremo.

Los adoradores de Shiva son llamados Zaivas.

VAIJAYANTI

VAIJAYANTI: (Sánscrito). El collar mágico de Vishnú, imitado por ciertos iniciados entre los brahmanes del templo.

Está hecho de cinco piedras preciosas, cada una de las cuales simboliza a uno de los cinco elementos de nuestra Ronda, a saber: la perla, el rubí, la esmeralda, el zafiro y el diamante, o sean: agua, fuego, tierra, aire y éter, llamados "el agregado de los cinco rudimentos elementales" -la palabra "poderes" sería quizás más correcta que "rudimentos".

VAIKUNTHA

VAIKUNTHA: (Sánscrito). Uno de los nombres de los doce grandes dioses; de ahí Vaikunthaloka, la mansión de Vishnú.

[Montaña o eminencia fabulosa en donde reside Vishnú (Burnouf).]

VAINATEYA

VAINATEYA: (Sánscrito). "Hijo de Vinatâ". Nombre patronímico de Garuda, ave sagrada de gigantescas proporciones, en la cual va montado el dios Vishnú.

Representa la totalidad del ciclo manvantárico.

[Véase: Garuda.]

VAISESIKA

VAISESIKA: Una de las seis escuelas filosóficas tradicionales del hinduismo.

Desconocemos el momento de su aparición, aun cuando se habla ya en el siglo II de su existencia.

Mantienen un sistema de creencias basado en una explicación atomista del Universo, cuya materia estaría formada por átomos eternos dispuestos en diversas combinaciones.

Posteriormente sufrió una evolución adoptando ideas más próximas a la escuela Nyaya, con un teísmo más metafísico alcanzando la fórmula Nyaya-Vaisesika.

De esta manera se llega a la sistematización de los argumentos clásicos en favor de la existencia de Dios, labor que fue desarrollada fundamentalmente por Udayana.

VAISNAVISMO

VAISNAVISMO: Denominación que recibe el culto a Visnú derivado de la palabra vaisnava o seguidor de Visnú, aunque algunos estudiosos emplean más la palabra "visnuísmo".

A lo largo de su historia, el vainavismo o visnuismo se ha caracterizado por su creencia en los descensos y encarnaciones de Visnú o avataras, así como en la importancia que se atribuye a la actitud de adoración amorosa al dios o bhakti.

La teología de este movimiento religioso florece especialmente en el período medieval, y coincide en el tiempo con la aparición de otra gran corriente, el saivismo o zaivismo. Si bien históricamente se acepta que el visnuísmo había aparecido de la unión de varios cultos, tras su etapa de florecimiento se subdivide en diferentes sectas o sampradayas, destacando los movimientos vadagalai y tengalai, asi como las escuelas brahmasampradaya o madhva, sanakasampradaya de nimbarka y rudrasampradaya de vallba.

A finales de la etapa medieval se intensifica el culto a Rama que hasta entonces había tenido poca importancia en el norte de la India, donde el vaisnavismo entra en contacto con el sufismo islamista y da origen al importantísimo movimiento del sikhismo.

VAISYAS

VAISYAS: La última de las tres castas superiores del hinduismo védico o clásico.

Originalmente se dedicaban al cultivo de la tierra, pero la aparición de la cuarta casta, la formada por los sudras y destinada a tareas serviles, hizo que los vaisyas aparezcan como terratenientes y artesanos.

VAJRA

VAJRA: (Sánscrito). Literalmente: "Bastón, diamante", o cetro. En las obras indas, el cetro de Indra, parecido a los rayos de Zeus con que esta deidad, como dios del rayo, mata a sus enemigos.

Pero en el Buddhismo místico, es el cetro mágico de los Sacerdotes iniciados, exorcistas y adeptos -el símbolo de la posesión de Siddhis o poderes sobrehumanos empuñado durante ciertas ceremonias por los sacerdotes y teurgistas.

Es también símbolo del poder de Budda sobre los malos espíritus o elementales.

Los posesores de esta vara son llamados vajrapâni.

(Véase esta palabra).

[Vajra significa también: rayo, centella, arma, arma de Indra (el rayo), diamante.

(Véase: Dorje).]

VALLABHA

Brahmín conocido con el nombre de Vallabhacharya (1481-1533), que fundó la secta vallabhachari, rama del dualismo, que rechazaba la doctrina de la ilusión e interpretaba la noción de maya como resultado de la acción creadora real de Dios.

Vallabha fue una personalidad precoz en lo religioso y en lo intelectual, y se ganó muy pronto fama de maestro en el vaisnavismo.

Su teología era panteísta.

Atribuyó importancia capital a la bhakti y a la suficiencia plena de la gracia de Dios para lograr la liberación.

Sin embargo se puede alcanzar la bienaventuranza en esta vida participando a través de la bhakti en el gozo de Dios y de su creación.

Destaca también el culto a Radha y Krishna.

VAM

VAM: (Sánscrito). Nombre de la letra V. Símbolo del Apas Tattva, de Varî, sinónimo de Apas.

(Râma Prasâd).

Vam es el sagrado monosílabo AUM (OM), pero con una diferente disposición de las letras.

Desempeña un importante papel en los rituales de los tántrikas (una variedad de magos negros).

Así como OM representa el orden de la evolución, vam representa el de la involución; el primero simboliza la conservación, y por lo tanto está relacionado con Vishnú; mientras que el segundo, emblema de la destrucción, está consagrado a Shiva.

(El Hombre, pág. 70).

VÂRÂHA PURÂNA

VÂRÂHA PURÂNA: (Sánscrito). El Purâna de la Tierra, uno de los 18 Purânas, aquel en que la gloria del gran Varâha es revelada a la Tierra por Vishnú.

VÂYU-PURÂNA

VÂYU-PURÂNA: (Sánscrito). El Purâna en que Vâyu expone las leyes del deber en conexión con el Zveta-Kalpa, y que comprende el Mahâtmya de Rudra.

Está consagrado al elogio de Shiva y guarda relación con el Shiva-Purâna.

VEDA VYÂSA
VEDA VYÂSA: (Sánscrito). El compilador de los Vedas. [Sobrenombre de Krishna Dwaipâyana, llamado el Vyâsa.]

VEDA
VEDA: Conjunto de textos sagrados del hinduismo brahmánico.

La palabra veda significa "saber", conocimiento".

Su parte más antigua comprende las colecciones: Rigveda, Samaveda y Yajurveda; junto con otro texto de orientación mágica:

Atharvaveda. A las que posteriormente se han unido otras escrituras como las colecciones intermedias de carácter doctrinal formadas por Brahmanas y Aranyakas o tratados del bosque; y los Upanisades clásicos.

VEDÂNGAS
VEDÂNGAS: (Sánscrito). Ciencias sagradas consideradas como partes accesorias de los Vedas.

Estas ciencias con seis: la primera trata de la pronunciación; la segunda, de las ceremonias religiosas; la tercera, de la gramática; la cuarte, de la prosodia; la quinta, de la astronomía; y la sexta, de la explicación de las palabras y frases difíciles de los Vedas.

Libros accesorios. Literalmente: "ramas o miembros del Veda".

VEDANTA
VEDANTA: Una de las seis escuelas de la filosofía hinduista tradicional.

Es un conjunto de opiniones sistematizadas a propósito de un tema común, es decir, la naturaleza de Brahma tal como aparece filosófica y teológicamente expuesta por primera vez en los Upanisades.

Sostiene que todas las religiones pueden armonizarse ya que a su modo adoran al mismo Dios y persiguen que el hombre descubra la propia y verdadera doctrina natural para alcanzar el conocimiento de lo divino.

Esta conciencia puede alcanzarse mediante la contemplación, la adoración, el yoga o el laborar en el servicio al prójimo.

Tras haber pasado por cuatro etapas diferentes desde su fundación a finales del siglo VIII, el Vedanta encuentra una vitalidad diferente en el siglo XIX, cuando Swami Vivekananda enseña la armonía entre todas las religiones uniendo las ideas tradicionales védicas con la filosofía occidental.

Vivekananda consiguió que su filosofía sobrepasase los límites geográficos y así el año 1894 se abrió el primer centro en Norteamérica, desde donde pasó a Europa, fundamentalmente a Francia e Inglaterra.

Se ha señalado que tres de sus más destacados miembros occidentales eran Aldous Huxley, Gerald Herad y Cristopher Isherwood.

VEDAS

VEDAS: (Sánscrito). La "revelación", de las Escrituras de los indos; voz derivada de la raíz vid "conocer" o "conocimiento divino".

Son las más antiguas, así como las más sagradas obras sánscritas.

Los Vedas (acerca de cuya fecha y antigüedad no hay dos orientalistas que estén de acuerdo), en concepto de los mismos indos, cuyos brahmanes y panditas debes saber más que nadie lo referente a sus propios libros religiosos, fueron primeramente enseñados oralmente por espacio de millares de años, y después compilados en las orillas del lago Mânasa-Sarovara (fonéticamente, Mânsarevara), más allá de los Himalayas, en el Tibet.

¿Cuándo ocurrió esto? En tanto que sus instructores religiosos, tales como Swami Dayanand Saraswati, reclaman para ellos una antigüedad de muchas décadas de siglos, nuestros orientalistas modernos no les conceden una fecha mayor, en su forma presente, que de unos mil a dos mil años antes de JC Compilados en su forma definitiva por Veda Vyâsa, sin embargo, los mismos brahmanes les asignan unánimemente una fecha de 3.100 años antes de la era cristiana, época en que floreció Vyâsa.

Por lo tanto, los Vedas deben de ser tan antiguos como esta fecha.

Pero su antigüedad está suficientemente probada por el hecho de que fueron escritos en una forma tan antigua de sánscrito, tan distinta del sánscrito actualmente en uso, que no existe otra obra como ellos en la literatura de esta hermana mayor de todas las religiones conocidas, como la denomina el profesor Max Müller.

Unicamente los más instruídos de los panditas brahmanes pueden leer los Vedas en su forma original.

Se ha sostenido que Colebrooke encontró la fecha del 1.400 antes de JC corroborada de un modo absoluto por un pasaje por él descubierto y que está basado en datos astronómicos.

Pero si, como está demostrado unánimemente por todos los orientalistas y también por los penditas indos que a) los Vedas no son una obra individual, ni tampoco lo es uno cualquiera de los distintos Vedas; sino que cada Veda y casi cada himno y división del mismo es producción de varios autores; y que b) estos libros han sido escritos (comom zruti, "revelación" o no) en diversos períodos de la evolución etnológica de la raza indo-aria, entonces ¿qué prueba el descubrimiento de Mr. Colebrooke? Sencillamente, que los Vedas fueron finalmente ordenados y compilados catorce siglos antes de nuestra era; pero esto no se opone en modo alguno a su antigüedad.

Antes al contrario; puesto que, como un contrapeso al pasaje aducido por Mr. Colebrooke, hay un luminoso artículo basado en datos puramente astronómicos escrito por Krishna Zâstri Godbole (de Bombay), que prueba de un modo tan absoluto y con igual evidencia que los Vedas deben de haber sido enseñados al menos 25.000 años atras.

(Vease: Theosophist, volum. II, págs.238 y siguientes, agosto de 1881).

Esta afirmación, si no apoyada, por lo menos no es refutada por lo que dice el profesor Cowel en el apéndice VII de la Historia de la India de Elphistone: "Hay una diferencia en edad entre los varios himnos, que están ahora unidos en su presente forma como en Sanhitâ del Rig-Veda; pero no tenemos dato alguno para determinar su relativa antigüedad, y la crítica puramente subjetiva, aparte de los datos sólidos, ha fracasado tantas veces en otros casos, que muy poco podemos confiar en alguna de sus inferencias en un campo de investigación tan recientemente abierto como el de la literatura sánscrita.

[Ni una cuarta parte de la literatura védica se ha publicado todavía, y muy poco de ella se ha traducido al inglés (1866).

Las controversias aun poco fundadas acerca de los poemas de Homero pueden bien servirnos de aviso para no confiar demasiado en nuestros juicios referentes a los más primtivos himnos del Rig-Veda" Cuando examinamos estos himnos " son profundamente interesantes para la historia de la mente humana, puesto que pertenecen a una fase mucho más antigua que los poemas de Homero y de Hesíodo", Los escritos védicos están todos clasificados en dos grandes divisiones exotérica y esotérica, siendo llamada la primera Karma-Kânda, "división de acciones y obras", y la Jñâna-Kânda, "división del conocimiento (divino)", los Upanishads (véase esta palabra), estando comprendidos en esta última clasificación.

Ambas secciones son consideradas como Zruti o revelación.

A cada himno del Rig-Veda va antepuesto el nombre del Vidente o Richi a quien fue revelado.

De esta suerte resulta evidente, basándose en la autoridad de estos mismos nombres (tales como Vazichtha, Vizvâmitra, Nârada, etc.), todos los cuales pertenecen a hombres nacidos en diversos manvantaras y aun edades, que deben haber transcurrido siglos y tal vez milenios entre las fechas de su composición.

Manú, lo mismo que otros legisladores indos, no hablan más que de tres Vedas, los tres que existían solamente en la época en que se compuso el Bhagavad-Gîtâ: el Rig-, el Yajur- y el Sâma-Veda; el cuarto, titulado Atharva-Veda, es de origen relativamente moderno.

-Véase: Traîvidyâ.]

VEDISMO

VEDISMO: Sentimiento religioso que impregna la totalidad del Veda y que representa una evolución a partir de la religión practicada por los arios invasores de la India, cuyo resultado es un teología y un culto sincretista en que influyeron los mil años de simbiosis entre las tribus arias y la población indígena vencida por ellas.

La religión védica se diferencia del hinduismo clásico en seis aspectos fundamentales:

— Los cultos característicos y predominantes del hinduismo, Visnú y Siva, aparecen en los himnos védicos, pero apenas tienen importancia.

— No hay indicio del culto en los templos y del uso de imágenes en la religiosidad de los himnos.

— La religiosidad de la bhakti aparece sólo en forma muy nebulosa.

— Se advierte una estratificación de la sociedad en varnas o clases, pero no en la forma de castas hindúes.

— Sólo en los Upanisades aparece la creencia de la reencarnación.

— El centro de la religión es el culto sacrificial. Asimismo la religiosidad védica establece el predominio de la clase de los brahamanes, la tendencia a identificar a una divinidad de otra para conseguir unificar los cultos, y también el mantenimiento de los textos Upanisades como escrituras sagradas.

De todo ello se desprende que el vedismo constituye en teoría la norma y el origen del hinduismo, teniendo siempre presente la propia complejidad cultural y religiosa de la India.

VENKETANATHA

VENKETANATHA: Teólogo hinduista del período medieval considerado como uno de los máximos expositores del visistadvaita.

Sus principales obras son un comentario al Brahmasutra, así como diversos tratados sobre la vida del Brahma y sobre lógica.

VICHNU-PURÂNA

VICHNU-PURÂNA: (Sánscrito). Uno de los Purânas llamados Vaichnavas (o de Vichnu), en que este dios tiene la preminencia; en él Parâsana, empezando con los sucesos del Varâha Kalpa, expone todos los deberes.

En este Purâna prevalece la cualidad Sattva.

VICHNU

VICHNU: (Vishnu) (Sánscrito). segunda persona de la Trimûrti (Trinidad) inda, compuesta de Brahmâ, Vishnú y Shiva.

La palabra Vichnu procede de la raíz vich, "penetrar o llenar".

En el Rig-Veda, Vichnu no es un dios elevado, sino simplemente una manifestación de la energía solar, descrito "cruzando a grandes trancos las siete regiones del Universo en tres pasos y envolviendo todas las cosas con el polvo (de sus rayos de luz)".

Cualesquiera que sean los otros seis significados ocultos de esta declaración, esto se refiere a la misma clase de tipos que los 7 y 10 Sephiroth, que los 7 y 3 orificios del perfecto Adam Kadmon, que los 7 "principios" y la tríada superior del hombre, etc.

Andando los tiempos, este tipo místico llega a ser un gran dios, el conservador y renovador, el "de mil nombres (Sahasranâma)".

[Se le representa asimismo descansando sobre la serpiente Ananta ("sin fin"), símbolo de la eternidad.

Otras veces está representado cabalgando en la gigantesca ave Garuda, que esotéricamente es el símbolo del gran ciclo (Mahakalpa).

Es la manifestación de la energía solar, motivo por el cual es considerado como jefe de los Adityas o dioses solares.

En los Purânas es la personificación de la cualidad Sattva; es también el Prajâpati (creador) y supremo dios.

Como tal tiene tres condiciones:

1) la de Brahmâ, el creador activo;

2) la de Vichnu mismo, el conservador, y

3) la de Shiva o Rudra, el poder destructor.

Se pinta a Vichnu en una figura de cuatro brazos, teniendo en sus manos una concha, un disco y una maza y un loto.

Este dios ha tenido diez avataras o encarnaciones, de las cuales la principal es en figura de Krishna, el protagonista del Bhagavad-Gîtâ.]

VIRÂJ

VIRÂJ: (Sánscrito). El Logos indo en los Purânas; el Manu masculino, creado en la porción femenina del cuerpo de Brahmâ (Vâch) por dicho dios.

Dice Manú: "Habiendo dividido su cuerpo en dos partes, el señor (Brahmâ) vino a ser con una de las mitades un varón, y con la otra una hembra; y en ella creó él a Virâj".

El Rig-Veda hace surgir a Virâj del Purusha, y al Purusha de Virâj.

Este último es el tipo de todos los seres masculinos, y Vâch, Satarûpa (la de cien formas), el tipo de todas las formas femeninas.

[Véase: Virât.]

VIRÂTA

VIRÂTA: (Sánscrito). Literalmente: "Sin reino" o "sin soberanía".

Rey de Mateya, aliado de los pandavas y uno de los caudillos de sus huestes.

(Bhagavad-Gîtâ, I, 4).

VISISTADVAITA

VISISTADVAITA: Es la versión más importante de las doctrinas del Vedanta.

Su portavoz principal fue Ramanuja, que se propuso ofrecer una explicación teista de la realidad suprema.

Esta escuela propugna una especie de monismo o no dualismo, pero de forma que se mantiene una distinción vital entre Dios, por una parte, y las almas y el mundo por otra.

Esta distinción venía impuesta por la importancia que Ramajuna y sus sucesores atribuyeron a la bhakti y a la confianza amorosa en Visnú.

VISNU

VISNU: Uno de los dos grandes dioses del hinduismo, el otro es Siva.

En el período postvédico se combinó su culto con el de Vasudeva y Krishna, lo que sirvió para darle un carácter sincretista apoyado en el desarrollo de las ideas relacionadas con las diversas encarnaciones en que el dios se manifiesta para restaurar la religión verdadera.

Al aumentar la importancia de Siva, se produjo una simbiosis en ambas divinidades y Brahma, el creador, formando una especie de Trinidad o manifestación alterna de los tres aspectos del ser divino.

Es representado frecuentemente como de color obscuro, con cuatro brazos portando diversos emblemas, o dormido sobre la serpiente Sesa, que simboliza el océano primordial, en estado de reposo antes de dar comienzo al siguiente período de la Creación.

De su ombligo brota Brahma que es el elemento eficiente en el proceso de la Creación.

La montura de Visnú es el pájaro mágico Garuda; su consorte es Laksmin, también llamada Sri, diosa de la fortuna, que tiene un papel importante en el culto doméstico y es el centro de una fiesta anual panindia.

VIZVE

VIZVE: (Sánscrito). Plural de Vizva. Los Vizvas constituían un gran número de dioses inferiores, de los cuales apenas queda memoria, denominados Vizvadevas o Vizvedevas, "todos los dioses", o sea la totalidad de semidioses o divinidades de orden inferior, correspondientes quizás a "Todos los Santos" de la Iglesia romana.

Estaban relacionados con las ceremonias funerales.

En el período puránico eran una clase de semidioses, en número de diez o doce, hijos de Yama o Dharma, dios de la justicia, y cuyos nombres eran: Vasu, Satya, Dakcha, Kâla, Kâma, Dhriti, Kuru, Purûravas y Mâdravas.

A estos diez se añaden algunas veces otros dos, llamados: Rochaka o Lochana y Dhuri o Dhvani.

(Véase: Vichnu Purâna).

VYÂHRITIS

VYÂHRITIS: (Sánscrito). Literalmente: "ígneas", palabras encendidas por el fuego y nacidas de él.

Las tres místicas palabras creadoras, que según dice Manú fueron extraídas de los Vedas por el Prajâpati: bhûr, del Rig-Veda; bhuvah del Yajur-Veda, y Swar, del Sâma-Veda (Manu, II, 76).

Todas tres, se dice, poseen poderes creadores.

El Satapatha Brâhmana explica que dichas palabras son "las tres esencias luminosas" extraídas de los Vedas por Prajâpati ("señores de creación", progenitores), mediante el calor.

"El (Brahmâ) pronunció la palabra bhûr, y vino a ser la tierra; bhuvah, y vino a ser el firmamento; y swar, que vino a ser el cielo".

Mahar es la cuarta "esencia luminosa", y fue tomada del Atharva veda.

Pero como esta palabra es puramente mántrica y mágica, es una, por decirlo así, conservada aparte.

VYÂSA

VYÂSA: (Sánscrito). Literalmente: "el que desarrolla o amplia", un intérprete o más bien un revelador; porque lo que él explana, interpreta y amplía es un misterio para el profano.

Este término fue aplicado en antiguos tiempos a los más elevados Gurus en la India.

Hubo numerosos Vyâsas en Aryavarta; uno de ellos fue el compilador y ordenador de los Vedas; otro, el autor del Mahâbhârata, el vigésimo octavo Vyâsa o revelador en orden de sucesión, y el útlimo de nota fue el autor del Uttara Mimânsâ, el sexto sistema o escuela de filosofía inda.

Fue asimismo fundador del sistema Vedânta.

La fecha en que floreció, tal como lo han asignado algunos orientalistas (véanse Elphinstone, Cowel, etc.), es de 1400 antes de JC, pero esta fecha es concerteza demasiado reciente.

Los Purânas mencionan sólo veintiocho Vyâsas, que en varias épocas descendieron a la tierra para promulgar las verdades védicas, pero existieron muchos más.

[Krishna Dwaipâyana es el más renombrado de todos ellos por la importancia de las obras que compiló, tales como el Mahâbhârata, la Vedânta, diversos Purânas, etc.

Este personaje se casó con las dos viudas de su hermanastro el rey Vichitravîrya (que murió sin sucesión), de las cuales tuvo dos hijos: Dhritarâchtra y Pându.]

Y

YÂDAVA

YÂDAVA: (Sánscrito). "Hijo o descendiente de Yadu", de la gran raza en que nació Krishna.

El fundador de este linaje fue Yadu, hijo del rey Yayâti del Somavanza o Raza lunar.

En tiempo de Krishna -que seguramente no era un personaje mítico- establecióse el reino de Dwârakâ en Guzerat; y también después de la muerte de Krishna (3102 antes de JC) todos los yâdavas existentes en la ciudad perecieron cuando fue sumergida por el océano.

Sólo unos pocos de los yâdavas, que se hallaban ausentes de la ciudad en el tiempo de la catástrofe, escaparon para perpetuar esta gran raza.

Los Râjâs de Vijaya Nâgara figuran ahora entre el reducido número de sus representantes.

[Yâdava es un sobrenombre de Krishna por ser descendiente de Yadu.]

YAJÑA

YAJÑA: (Sánscrito). "Sacrificio", cuyo símbolo o representación es ahora la constelación Mriga ziras (Cabeza de ciervo), y también una forma de Vichnu. "El Yajña -dicen los brahmanes- existe desde la eternidad; porque procede de lo Supremo, en el que yace latente desde ningún principio".

Es la clave del Trai-Vidyâ, las tres veces sagrada ciencia contenida en los versos del Rig-Veda, que enseña el Yajña o misterios del sacrificio.

Como expresa Haug en su Introducción al Aitareya Brâhmana, el Yajña existe como una invisible presencia en todos los tiempos, extendiéndose desde el Âhavanîya o fuego sacrificial hsata los cielos, y formando un puente o escala por cuyo medio el sacrificador puede comunicarse con el mundo de los devas, "y aun ascender en vida a las mansiones de ellos".

Es una de las formas del Âkâza, dentro de la cual la mística Palabra (o su subyacente "Sonido") la llama a la existencia.

Pronunciada por el Sacerdote-Iniciado o Yogui, esta Palabra recibe poderes creadores, y es comunicada como un impulso en el plano terrestre mediante una ejercitada fuerza de voluntad.

[He aquí otros significados de la voz Yajña: adoración, devoción, piedad, culto; glorificación, alabanza; oración, sacrificio, oblación, ofrenda; el sacrificio personificado; Vishnú, Brahmâ.]

YAJUR-VEDA

YAJUR-VEDA: (Sánscrito). "Ciencia o tratado del sacrificio".

Es el segundo de los tres Vedas primitivos, y está compuesto casi exclusivamente de himnos tomados del Rig-Veda, pero contiene además algunos pasajes en prosa que son nuevos.

Su parte principal está formada por invocaciones y preces aplicables a la consagración de las víctimas del sacrificio y de los utensilios propios del mismo, lo cual hace del Yajur-Veda el libro del sacerdote oficiante, ordenado en una forma litúrgica para la celebración de los sacrificios.

YAJURVEDA

YAJURVEDA: Tercera de las cuatro colecciones que integran el canon védico, compilado poco después del Rigveda.

Ofrece principalmente fórmulas sacrificiales, unas en verso y otras en prosa.

Mientras que el Rigveda ordena todos sus himnos conforme a las divinidades a quienes van dirigidas los cánticos, el Yagjurveda se atiene al orden de su uso en el ritual.

Se transmitió en dos versiones diferentes: Yajurveda Blanco y Yajurveda Negro.

El primero recoge detalladamente las exposiciones de las rúbricas que acompañan a las acciones rituales, mientras que el segundo entremezcla rúbricas y comentarios con la fórmula en si.

Z

ZANKARA

ZANKARA: (Sankara o Shankara) (Sánscrito).

Epíteto de Shiva.

Es también el nombre de un célebre filósofo vedantino.

[Literalmente: "que causa bienestar o felicidad", nombre de Shiva como jefe de los Rudras.

Véase: Zankarâchârya.

ZRÎ ZANKARÂCHÂRYA

ZRÎ ZANKARÂCHÂRYA: (Sri Sankarâchârya) (Sánscrito). El gran reformador religioso de la India y maestro de la filosofía Vedânta -el más grande de todos estos maestros, considerado por los adwaitas (no-dualistas) como una encarnación de Shiva y un hacedor de milagros.

Estableció numerosos mathams (monasterios), y fundó la más docta de las sectas entre los brahmanes, denominada Smârtava.

Las leyendas acerca de él son tan numerosas como sus escritos filosóficos.

A la edad de treinta y dos años fue a Cachemira, y al llegar a Kedâranath en los Himalayas, entró en una cueva solo, de donde jamás volvió.

Sus secuaces pretenden que no murió, sino que únicamente se retiró del mundo.

[Véase: Zankarâchârya y Zrî.]

ZRINGA GIRI

ZRINGA GIRI: (Sringa Giri) (Sánscrito). Un grande o rico monasterio sobre el cerro de los Ghâts occidentales en Mysore (India meridional); el principal matham de los brahmanes Smârtas y adwaitas, fundado por Zankarâchârya.

Allí reside la cabeza religiosa (llamándose la última de éstas Zankarâchârya) de todos los adwaitas vedantinos, a quien muchos atribuyen grandes poderes anormales.

ZROTRIYA

ZROTRIYA: (Srotriya) (Sánscrito). Denominación de un brahmán que practica los ritos védicos que él estudia, a diferencia del Vedavit, o sea el brahmán que los estudia sólo teóricamente.

ZRUTI

ZRUTI: (Sruti) (Sánscrito). Tradición sagrada recibida por revelación.

Los Vedas son tal tradición, a diferencia del Smriti (véase esta palabra).

[Zruti significa además: revelación; los textos sagrados, las santas Escrituras reveladas, los Vedas; relato, noticia; voz, sonido; tradición o doctrina santa.]

ZUCHI

ZUCHI: (Suchi) (Sánscrito). Uno de los nombres de Indra; y también del tercer hijo de Abhimânin, hijo de Agni; esto es, uno de los cuarenta y nueve fuegos primordiales.

[Zuchi significa también: limpio, puro, claro, honesto, santo, virtuoso.]

ZÛDRA

ZÛDRA: (Súdra, Shudra o S'udra) (Sánscrito). La última de las cuatro castas que salieron del cuerpo de Brahmâ.

La "casta servil", que surgió del pie de la deidad.

[Siervo, criado, individuo de la cuarta clase, la inferior; individuo dedicado a la servidumbre y a los oficios más viles.]

www.ingramcontent.com/pod-product-compliance
Lightning Source LLC
Chambersburg PA
CBHW050811260726
48660CB00004B/1366